Deutsch als Fremdsprache für Jugendliche

Arbeitsbuch **3**

von
Hermann Funk
Susy Keller
Michael Koenig
Maruska Mariotta
Theo Scherling

Langenscheidt

Berlin · München · Wien · Zürich · New York

Von
Hermann Funk, Susy Keller, Michael Koenig, Maruska Mariotta, Theo Scherling

Redaktion: Lutz Rohrmann
Layout: Theo Scherling
Umschlaggestaltung: Theo Scherling, unter Verwendung von Fotos von IFA-Bilderteam, München-Taufkirchen (Vorderseite) und Heinz Wilms (Rückseite)

Wir danken allen Kolleginnen und Kollegen, die *sowieso* erprobt und mit zahlreichen Anregungen zur Entwicklung des Lehrwerks beigetragen haben.

sowieso
Deutsch als Fremdsprache für Jugendliche

Band 3: Materialien

Kursbuch 3	ISBN 3-468-47690-6
Cassette 3A (Kursbuch)	ISBN 3-468-47693-0
Arbeitsbuch 3	ISBN 3-468-47691-4
Cassette 3B (Arbeitsbuch)	ISBN 3-468-47694-9
Lehrerhandbuch 3	ISBN 3-468-47692-2
Glossar Deutsch–Englisch	ISBN 3-468-47696-5
Glossar Deutsch–Französisch	ISBN 3-468-47697-3
Glossar Deutsch–Italienisch	ISBN 3-468-47698-1

Symbole in *sowieso 3*:

  Diese Texte sind auf Audiocassette

GR Hier gibt es mehr Informationen in der Systematischen Grammatik im Arbeitsbuch

sowieso 3 berücksichtigt die Änderungen, die sich aus der Rechtschreibreform von 1996 ergeben.

Umwelthinweis: gedruckt auf chlorfrei gebleichtem Papier

Druck:	5.	4.	3.	2.	1.	Letzte Zahlen
Jahr:	01	00	99	98	97	maßgeblich

© 1997 Langenscheidt KG, Berlin und München

Druck: Druckhaus Langenscheidt, Berlin
Printed in Germany · ISBN 3-468-**47691**-4

Inhaltsverzeichnis

Eine Rallye durch *sowieso* 1 und 2

Mit diesem Spiel kannst du dich selbst testen. Manche Aufgaben hast du schon einmal gemacht. Viel Spaß und Erfolg!

Spielregeln
- Du kannst das Spiel alleine spielen.
- Mache erst alle Aufgaben, kontrolliere danach deine Lösungen und notiere die Punkte. Lies zum Schluss die Auswertung. Die Lösungen und die Auswertung findest du auf Seite 16.
- Jede Aufgabe besteht aus drei Teilen.
  - Kannst du alle drei Teile ganz richtig lösen? Dann bekommst du drei Punkte.
  - Kannst du zwei lösen? Dann bekommst du zwei Punkte.
  - Einen? Ein Punkt.
  - Keinen? Du bekommst zwei Minus-Punkte.

Aufgabe 1: Im Text „Der Fernseher" von Martin Auer gibt es acht Präteritum-Formen. Welche? Markiere sie im Text. Und schreibe sie geordnet in die Liste.

Der Fernseher
von Martin Auer

Peter hatte einen unsichtbaren Fernsehapparat. Was er damit tat? Er guckte hinein, was denn sonst! Wenn die Leute ihn sahen, fragten sie ihn: „Was tust du denn da?" „Ich gucke unsichtbares Fernsehen!" „Und was spielen sie da für ein Programm?" „Weiß ich doch nicht, es ist doch unsichtbar!" Aus irgendeinem Grund hielten die Leute Peter für verrückt. Vielleicht war er es ja auch. Aber er hatte wirklich großen Spaß an seinem Fernsehapparat.

1 Hilfsverben	2 regelmäßige Verben	3 unregelmäßige Verben
		tat
_____	_____	_____
_____	_____	_____
_____	_____	_____
1P	1P	1P Punkte ____

Aufgabe 2: Schreibe die passenden Fragen zu diesen Antworten ins Heft.

1	2	3
– Ja, ich habe eine Gitarre.	– Das ist Herr Karl.	– Wir trainieren <u>jeden Tag</u>.
– Ja, ich finde, dass Deutsch Spaß macht.	– Er kommt aus Baden.	– Es schmeckt prima.
– Nein, ich habe keinen Bleistift.	– Das liegt bei Wien.	– Sie ist <u>nach Österreich</u> gefahren.
1P	1P	1P

Punkte ____

Aufgabe 3: Ein Filmstar. *Weil* oder *denn*? **Ergänze die Sätze.**

1 Ich gehe gern ins Kino, _____ ich Bruce Lee so toll finde.   1P

2 Ich finde Bruce Lee so toll, _____ er einfach stark aussieht.   1P

3 Er sieht wirklich superstark aus, _____ er ist sehr muskulös.   1P

Punkte _____

Aufgabe 4: Welcher Satz ist falsch? Korrigiere mithilfe des Wörterbuchausschnitts.

1 Kiki hat sich über Amadeus geärgert, weil er immer zu spät kommt.   1P

2 Uff, es regnet wieder! Ich ärgere schon wieder über das Wetter!   1P

3 Schlechte Noten? Darüber ärgert er sich nicht mehr!   1P

Punkte _____

är·gern; *ärgerte, hat geärgert*; [Vr] **1** *j-n ä.* durch sein Verhalten bewirken, daß j-d Ärger empfindet: *seinen jüngeren Bruder ä.* ‖ NB: ↑ **necken**; [Vr] **2** *sich (über j-n / etw.) ä.* Ärger über j-n / etw. empfinden ≈ *sich aufregen* (3): *Der Lehrer ärgerte sich maßlos über seine frechen Schüler*; *Ich habe mich furchtbar (darüber) geärgert, daß du nicht zu meiner Party gekommen bist* **3** *sich grün u. blau ä.*; *sich*

Aufgabe 5: Adjektivendungen: Nominativ oder Akkusativ?

1
○ Wie gefällt dir die letzt_____ CD von K2?
● Hast du schon wieder eine neu_____ CD gekauft?
1P

2
○ Die lang_____ Haare von Jimi Hendrix finde ich doof.
● Ich finde lang_____ Haare toll.
1P

3
○ Hast du den neu_____ Film mit Johnny Depp gesehen?
● Was, gibt es einen neu_____ Film mit Johnny Depp?
1P

Punkte _____

Aufgabe 6: Adjektivendungen: Akkusativ oder Dativ?

1 Unsere Mathelehrerin hat oft dunkl_____ Jeans an.   1P

2 Die Schülerin mit dem rot_____ Fahrrad ist neu an unserer Schule.   1P

3 Ich trage gern Jeans mit dick_____ Pullover.   1P

Punkte _____

Aufgabe 7: Schreibe die Sätze a–c in die Satzgrafiken 1–3.

a Er bekam einen langen Brief von seinem Vater.   1P
b Karin zeigt ihrer Kollegin ihre Briefmarken.   1P
c Peter bekommt kein Taschengeld.   1P

Punkte _____

1 [ ] ( ) D A   1P

2 [ ] ( ) A D   1P

3 [ ] ( ) A   1P

Punkte _____

Aufgabe 8: Präpositionen mit Akkusativ oder Dativ: Lies den Brief. Findest du die drei Grammatikfehler? Schreibe die Korrektur unten auf.

Liebe Petra,

du hast mich mit deinem letzten Brief auf die Idee gebracht, mein Zimmer umzuräumen. Ich habe es inzwischen getan und jetzt gefällt es mir viel besser. Ich beschreibe dir mal kurz, wie es aussieht: Zuerst habe ich das Bett an dem Fenster gestellt. Mein altes Bücherregal habe ich neu gestrichen und an die Wand direkt hinter der Tür gestellt. Mein Schreibtisch und der Stuhl haben jetzt viel mehr Platz, weil ich den alten schweren Sessel meinem Freund gegeben habe. Auf meinen Schreibtisch steht jetzt meine neue Tischlampe neben dem Computer. Ich habe sie von meiner Oma zum Geburtstag bekommen! Meine Stereoanlage steht immer noch rechts von die Tür. Da hängt auch mein Tennisschläger. Übrigens, in zwei Wochen gibt es bei uns ein tolles Open-Air-Konzert mit den „Fantastischen Vier" und den „Prinzen". Komm mich doch besuchen. Dann kannst du dir auch mein neues Zimmer anschauen.

Dein Helmut

Korrektur 1: _____ **1P** Korrektur 2: _____ **1P** Korrektur 3: _____ **1P**

Punkte _____

Aufgabe 9: Alle haben gute Tipps! Ergänze die Sätze mit Modalverben im Konjunktiv II.

1. Unsere Deutschlehrerin sagt zu uns oft: „Ihr k_____ mehr lernen!" **1P**

2. Die meisten Eltern finden, dass wir Jugendlichen abends um zehn Uhr zu Hause sein s_____. **1P**

3. Meine Mutter sagt oft zu meinem Bruder und mir: „Ihr m_____ mal wieder eure Zimmer aufräumen!" **1P**

Punkte _____

Aufgabe 10: Betrachte die Textausschnitte. Um welche Themen geht es in Text 1, 2 und 3?

...ch habe kein G...
..., ich weiß, ich habe ...
...Tagen meine 40 Mark
...geld bekommen. 40 Mark
...nat. Aber alles ist ja heute s...
Ich habe zum Beispiel ge...
...für einen einzigen Kinoabe...
...ark ausgegeben: 12 Mark f...
...rte, 7 Mark für Popcorn...
...den Rest bei McDon...
...t vom Taschenge...

...und haben sehr viele Sch...
...programme mit ausländisch...
...hulen oder Partnerstädten. A...
...rse in Deutschland gibt es Stip...
...30 000 Schülerinnen und Sch...
... Lehrerinnen und Lehrer ne...
... Austauschprogrammen te...
...m waren es 1990 alle...
...d Schüler.

...ter will nicht, daß ich...
... Abends darf ich gar nich...
...nen. Nur in den Ferien oder be...
...r Oma. Dann gucken wir Krimis...
... Hause soll ich zuerst eine Ser...
... Fernsehprogramm auswäh...
...darf ich sie gucken."

Thema **1** _____ **1P** Thema **2** _____ **1P** Thema **3** _____ **1P**

Punkte _____

Aufgabe 11: Ordne die 20 Wörter den drei Themen zu.

Jugendzeitschrift · treiben · Käse · Brief · schälen · Kontakt · backen · Mannschaft · beantworten · Auflauf · Adresse · Sportart · kochen · Wettkampf · schmecken · Anzeige · schneiden · Jugend-meisterschaft · schicken · gewinnen

1 Sport

2 Rezepte

3 Brieffreundschaften

_____ _____ _____
_____ _____ _____
_____ _____ _____
_____ _____ _____
_____ _____ _____
_____ _____ _____

1P　　　　　　　　　　1P　　　　　　　　　　1P

Punkte _____

Aufgabe 12: Ordne die Redemittel in den Dialogbaukasten.

Guten Tag, Herr Mahlzahn. · Ich hätte gern ein Kilo Vollkornbrot. · Noch etwas? · Sonst noch etwas? · Danke, das ist alles. · Ist das alles? · Ich brauche noch 200 g Sahnequark, einen Joghurt und einen Becher Sahne. · Was möchtest du? · Ich möchte noch zwei grüne und zwei rote Paprika. · Guten Tag, Erika.

1 begrüßen/verabschieden

Guten Tag, _____

2 fragen, was jemand möchte

3 sagen, was man möchte

_____ _____ _____
_____ _____ _____
_____ _____ _____
_____ _____ _____
_____ _____ _____

1P　　　　　　　　　　1P　　　　　　　　　　1P

Punkte _____

Aufgabe 13: Du hörst drei Textausschnitte. Zu welchen der folgenden Themen gehören sie?

Essen · Werbung · Reisen · Sport · Wohnen

Text 1 : _____ 1P　Text 2 : _____ 1P　Text 3 : _____ 1P

Punkte _____

Gesamtpunktzahl _____

1 Ordne zuerst Bilder und Sätze zu und schreibe dann die Sätze im Futur.

a ☐ Wir machen nächste Woche einen Schulausflug nach Paris.
b ☐ Ich besuche im Sommer einen Deutschkurs in Österreich.
c ☐ Geht ihr am Wochenende in die Disco?
d ☐ Mein Bruder feiert am Sonntag seinen 18. Geburtstag.

a *Wir werden* _____

b _____

c _____

d _____

2 Wird über die Gegenwart oder die Zukunft gesprochen?
Oder ist beides möglich? Kreuze an.

① nur Gegenwart ② nur Zukunft ③ beides

	1	2	3
a Peter besucht seine Tante.			x
b Mein Vater liest gerade die Zeitung.			
c Am Wochenende geht Alfred schwimmen.			
d Diese Suppe schmeckt mir ausgezeichnet.			
e Wir fahren in den Ferien an den Wolfgangsee.			
f Sie lernen einfach zu wenig.			
g Ich mache diesen Fehler bestimmt nicht mehr.			
h Ulrike nimmt mich mit dem Auto mit.			
i Um neun Uhr kommt meine Freundin.			
j Er spielt mit seiner Schwester Tennis.			
k Du magst mich nicht.			
l Ich erkläre dir die Situation.			

Heute ist das Gestern von morgen...

3 Schreibe nun die in 2 und 3 angekreuzten Sätze mit *werden*.

a) Peter wird seine Tante besuchen.

4 Mache aus den folgenden Fragen Aussagen im Futur. Verwende dabei *bestimmt, eventuell, wahrscheinlich, sicher, vielleicht, wohl* und *möglicherweise*, wie im Beispiel. Wenn dir die Bedeutung dieser Wörter nicht ganz klar ist, schlage im (einsprachigen) Wörterbuch nach.

a	Sind seine Freunde schon da? (bestimmt)	Seine Freunde …
b	Fahren wir im Winter nach Österreich? (eventuell)	Wir …
c	Bleibt das Wetter noch lange so schlecht? (wahrscheinlich)	Das Wetter …
d	Spielt ihr morgen Fußball? (sicher)	Morgen …
e	Seht ihr euch heute Abend den Film an? (vielleicht)	Heute Abend …
f	Haben die Kinder Durst? (wohl)	Die Kinder …
g	Schläft sie schon? (möglicherweise)	Sie …

a, Seine Freunde werden bestimmt schon da sein.

5 Schreibe Fragen, wie im Beispiel.

a Ich bin am Wochenende zu Hause. (du, besuchen, mich)
b Wir haben einen Ausflug in die Berge organisiert. (ihr, mitkommen, auch)
c Dein Mofa ist kaputt. (dein Vater, schenken, dir, ein neues)
d Ich habe Schokolade für ihn gekauft. (er, sich freuen)
e Sie fährt ans Meer. (sie, schicken, uns, eine Ansichtskarte)
f Es ist sehr kalt. (wir, mitnehmen, müssen, einen Mantel)
g Sie fahren morgen ab. (du, mitfahren, auch)
h Ihr kommt immer zu spät. (ihr, sein, morgen, pünktlich)

a, Wirst du mich besuchen? b,

6 Eine Zukunftsprognose für Hägar, den Schrecklichen. Kannst du auch solche Prognosen schreiben?

SIE WERDEN JAHR FÜR JAHR IHRE STEUERN ZAHLEN UND EINES TAGES WERDEN SIE STERBEN.

…ERSTAUNLICH.

7 Bei der Abschlussprüfung muss Philip einen Aufsatz schreiben. Thema: „So stelle ich mir meine Zukunft vor." Philip erinnert sich an das Kapitel „Systematisch Schreiben lernen" im Arbeitsbuch zu *sowieso 2* (S. 98–101) und versucht, diesem Modell zu folgen. Hier hast du seine Notizen.

auf dem Land   kleines Haus   tolle Frau heiraten

1–2 Kinder   Fußball   Tennis   bessere Luft   Computerfachmann

mit Camper: USA und Australien   großer Garten   reisen

viel verdienen   weniger Verkehr   später eigene Firma gründen

8 Ordne jetzt die Notizen aus dem Zettel den Oberbegriffen zu.

Arbeit	Wohnen	Familie	Freizeit

9 Philip hat seinen Brief gegliedert.

Er beginnt zu schreiben, aber er hat dabei einige Probleme. Er macht immer die gleichen Fehler. Kannst du sie finden? Korrigiere dann die Sätze und schreibe den Aufsatz zu Ende.

1, Familie
2, Wohnen
3, Arbeit
4, Freizeit

<u>So stelle ich mir meine Zukunft vor</u>

Ich werde mich oft verlieben und schließlich eine tolle Frau heiraten und haben ein oder zwei Kinder. Wir werden wohnen auf dem Land, weil es gibt dort weniger Verkehr und die Luft ist viel besser. Ich werde kaufen ein kleines Haus mit einem großen Garten …

10 Stelle dir vor, dass du zu diesem Thema einen Aufsatz schreiben musst. Arbeite nach dem gleichen Modell.

1. Notizen sammeln
2. Notizen ordnen
3. Reihenfolge bestimmen
4. Schreiben
5. Korrigieren

11 Sportarten im dritten Jahrtausend. Lies den Text und höre dann die Kassette.

Snow- und Skateboard, Mountain-Bike und Rollerblade sind die beliebtesten Sportarten der Jugendlichen in den 80er und 90er Jahren. Aber welche werden im nächsten Jahrhundert „in" sein? Der Trend geht in Richtung Abenteuer und Spannung. Extremsportarten, verbunden mit Risiko, Angst und Herzklopfen, werden der große Hit sein. Aber wie sind diese Sportarten? Wie heißen sie? Kann man sie schon irgendwo praktizieren? Das haben wir vier junge Leute gefragt, die bereits eine ganze Menge darüber wissen.

Unten findest du neue Extremsportarten. Welche vier werden im Interview genannt? Markiere sie und fülle dann die Tabelle aus.

City-Climbing · Bungee-Jumping · Sky-Surfing · Snow-Biking · Inline-Skating · Sandmarathon · Indoor-Skiing

Name	bisherige Sportart	zukünftige Sportart	wo praktizierbar?
Andy			
Angela			
Julian			
Miriam			

12 Schreibe jetzt zwei Sätze zu jedem der vier. Satz 1: Präteritum + Präsens, Satz 2: Perfekt + Futur.

Andy fuhr bisher Mountain-Bike und fährt ab jetzt Snow-Bike.
Andy ist bisher Mountain-Bike gefahren und wird ab jetzt Snow-Bike fahren.

13 Vor- und Nachteile: Verbinde die Satzteile und ordne sie den vier Sportarten in Aufgabe 11 zu.

ⓐ Einerseits kann man auf diesen Hallenpisten das ganze Jahr fahren,

ⓑ Einerseits hat man bei 120 km/h ein tolles Geschwindigkeitsgefühl,

ⓒ Einerseits ist dieses Abenteuer in der Wüste faszinierend,

ⓓ Einerseits glaubt man die Welt von oben zu dominieren,

① aber andererseits sieht man dann von dort, wie klein der Mensch in Wirklichkeit ist.

② aber andererseits muss man in diesen sieben Tagen körperlich viel aushalten.

③ aber andererseits ist es natürlich gefährlich, so schnell über Schnee und Eis zu fahren.

④ aber andererseits fehlen die Berge, der Schnee und die frische Luft.

a + 4 — Indoor-Skiing

A

1 Schreibe mit den Sätzen a–k vier Minidialoge. Es gibt mehrere Möglichkeiten.

a [e] In den nächsten Tagen soll es schneien!
b [ ] Wie war's in den Ferien?
c [ ] Es kann Schneeglätte geben.
d [ ] Freust du dich nicht, heute scheint doch die Sonne!
e [ ] Dann können wir am Wochenende Ski fahren gehen.
f [ ] Fahr langsamer!
g [ ] Puh, es hat das ganze Wochenende geregnet.
h [ ] Ein Sauwetter, es war die ganze Zeit eiskalt.
i [ ] Warum denn?
j [ ] Wem sagst du das?
k [ ] Na und? Ich habe heute sieben Stunden Schule.

2 Kennst du die Wetterwörter? Dann ergänze die Tabelle. Notfalls hilft das Wörterbuch.

Nomen	*der Regen*		
Verb	es	es	es
Adjektiv	es ist	✕	es ist

Nomen			
Verb	✕	✕	✕
Adjektiv	es ist	es ist	es ist

3 Wie heißt das Gegenteil? Ordne die Adjektive zu.

eiskalt · trocken · heiter · gut · warm · grau · klar · stark · schwer · hoch · viel · regnerisch

bedeckt – _____   trüb   – _____   bunt   – _____   kalt – _____

schwach – _____   tief   – _____   leicht – _____   nass – _____

wenig – _____   sonnig – _____   schlecht – _____   heiß – _____

4 Die Mode und die Jahreszeiten bestimmen unsere Kleidung. Wir ziehen im Winter, wenn es kalt ist, keinen leichten Regenmantel an, sondern einen warmen Wintermantel oder eine Winterjacke.
Bilde mit den Wörtern auf Seite 13 so viele Kleidungsstücke, wie du kannst.
Ergänze zuerst die Artikel in der linken Spalte. Kontrolliere mit dem Wörterbuch.

die Jacke   _____ Bluse   _____ Sommer

_____ Mantel   _____ Brille   _____ Sonne

_____ Kleid   _____ Hut   _____ Winter

_____ Hose   _____ Schuhe   _____ Regen

_____ Hemd   _____ Schirm

der Regenmantel

5 Kreuzworträtsel: Wetterwörter.

1. Es ist Tag, man kann aber fast nichts sehen.
2. Wasser kommt vom Himmel.
3. Dabei blitzt und donnert es.
4. Die Sonne versteckt sich manchmal dahinter.
5. Die Blätter fliegen.
6. Typisch bei Gewitter.
7. Puh, heute sind es über 35°!
8. Man hört ihn oft im Radio, man kann ihn aber auch in der Zeitung lesen.
9. Es ist keine Wolke am Himmel.
10. Temperaturen unter 0°: Es regnet nicht, es …

6 Was ziehst du in diesen Situationen an? Schreibe mit den Wörtern im Kasten Sätze, wie im Beispiel.

a   In deinem Zimmer ist es kalt und du arbeitest für die Schule.
b   Im Theater.
c   Bei einem Bergausflug.
d   An einem heißen Julitag.
e   Bei einer Geburtstagsparty.
f   Dein Bruder heiratet.
g   Du bist erkältet und gehst trotzdem raus.

dunkel	leicht	Schal
warm	lang	Schuhe
dick	Pullover	Hose
kurz	Bluse/Hemd	Anzug
modisch	T-Shirt	Kleid
gut	Klamotten	Rock
elegant	Mütze	Mantel

a, Ich ziehe einen warmen Pullover an.

7 Wetterbericht: Höre den ersten Teil (allgemeine Lage) und kreuze an.

a   Der Wetterbericht ist für ☐ Deutschland. ☐ die Schweiz. ☐ Österreich.
b   Es wird ☐ wärmer ☐ kälter.

8 Sieh die Karte an und schreibe „Alpennordseite" und „Alpensüdseite" in die richtigen Kästchen.

9 Höre jetzt die Wetterprognose für die Alpennordseite. Welcher Notizzettel passt dazu?

10 Höre weiter.
Wie wird das Wetter auf der Alpensüdseite? Welche Informationen sind richtig? Kreuze an.

1
stark bewölkt
starker / mäßiger Nordwestwind
Schneefallgrenze 900 M
Temperaturen 6 bis 11 (13)
häufiger Niederschlag

2
stark bewölkt
häufiger Niederschlag
Schneefallgrenze 1500 M
Temperaturen 6 bis 12
starker Nordwestwind

a ❑ Die Sonne wird fast den ganzen Tag scheinen.
b ❑ Es wird stark schneien.
c ❑ Der Himmel wird bedeckt sein.
d ❑ Die Temperaturen werden um die 15 °C erreichen.
e ❑ Im Tessin wird es windig sein.

B

11 **Was tun, um zu Hause keine Probleme zu haben? Ergänze die Sätze. In die Lücken gehört manchmal ein Wort und manchmal auch zwei Wörter.**

a Wenn ich meine <u>Freunde</u> nach Hause einladen will, <u>sage ich</u> es meinen Eltern vorher.

b Wenn ich laute Musik zu Hause _____, warte ich, bis alle aus dem Haus sind.

c Wenn ich ins Kino _____, dann _____ ich zuerst alle Hausaufgaben.

d _____ Probleme in der Schule habe, dann _____ mit meinen Eltern darüber.

e Wenn _____ Taschengeld _____, _____ ich einen Ferienjob.

f Wenn ich mir was Besonderes _____, dann_____ in den Ferien.

12 **Schreibe aus den zwei Sätzen jeweils eine indirekte Frage, wie im Beispiel vorgegeben.**

Die folgenden Wörter können dir helfen:
ob · dass · weil · was · wie · woher · wann · warum

a Wie spät ist es? Kannst du es mir bitte sagen?
b Wie komme ich zum Arzt? Ich weiß es nicht.
c Wann fällt der Unterricht aus? Wer weiß es?
d Gibt es nächste Woche einen Test? Ich möchte es wissen.
e Ist die Bibliothek heute offen? Kannst du es mir sagen?
f Woher kommst du? Sie hat mich gefragt.
g Was meint er damit? Ich frage mich.
h Warum brauche ich so viel Geld? Mein Vater versteht es nicht.
i Ich habe einen Hund. Wusstest du es nicht?
j Lernst du viel für Deutsch? Der Lehrer möchte es wissen.
k Er ist nicht mitgekommen? Weißt du, warum?

a, Kannst du mir bitte sagen, wie spät es ist?

C

13 Der folgende Text berichtet über den „Hundertjährigen Kalender", aber die Abschnitte sind nicht in der richtigen Reihenfolge. Kannst du sie ordnen?

1 Der deutsche Abt Moritz Knauer (1613–1664) aus Bamberg glaubte fest, dass die Planeten unser Wetter bestimmen.

2 … sie dachten aber, dass Kometen und Sonnenfinsternisse der Grund dafür sind.
Der Abt Moritz Knauer beobachtete sieben Jahre lang das Wetter und schrieb detailliert alles auf.

3 Diese sieben „Sterne" – so lautete die Theorie – bestimmen den Wetterzyklus und wechseln sich in ihrem Einfluss auf unser Wetter nach einer genau festgelegten Reihenfolge ab.

4 Die damaligen Wissenschaftler und Meteorologen stellten aufgrund ihrer Beobachtungen zwar Unregelmäßigkeiten in diesem geordneten Wetterablauf fest, …

5 Nach seinem Tod wurden seine Aufzeichnungen überarbeitet und als Buch mit dem Titel „Der Hundertjährige Kalender" veröffentlicht.

6 Damals waren nur fünf Planeten bekannt, Jupiter, Mars, Saturn, Venus und Merkur. Da man aber im 17. Jh. noch die Sonne und den Mond zu den Planeten zählte, hatte man insgesamt sieben.

7 Das Werk hatte sofort großen Erfolg und gehörte im 18. Jh. zu den am meisten gelesenen Büchern Deutschlands. Ursprünglich galt der Kalender für die Jahre 1701 bis 1801, da sich der Wetterzyklus nach der Theorie jedoch alle sieben Jahre wiederholt, ist der Kalender noch heute gültig.

Echter 100 jähriger Kalender
Astrologisch-meteorologischer Text mit den Wettervorhersagen und Planetentabellen
Gültig bis zum Jahr 1999/2000

PENDO-VERLAG

Reihenfolge ☐ 6 ☐ ☐ ☐ ☐ 7

14 Worauf oder auf wen beziehen sich diese Satzanfänge im Text von Aufgabe 13?

a <u>Damals</u> …   *Im 17. / 18. Jahrhundert*

b <u>Das Werk</u> hatte … _____

c Diese <u>sieben „Sterne"</u> … _____

d Nach <u>seinem</u> Tod … _____

e <u>Sie</u> dachten … _____

15 Im Text kommen Zahlen und Daten vor. Schreibe zu jeder Zahl und zu jedem Datum einen Satz.

a 1613–1664   b 5   c 7   d 18. Jahrhundert

E

16 Michael hat früher viel Sport getrieben. Jetzt hat er nach langer Zeit mal wieder Fußball gespielt und danach noch ein bisschen gefeiert. Es geht ihm gar nicht gut. Schreibe auf, was ihm fehlt.

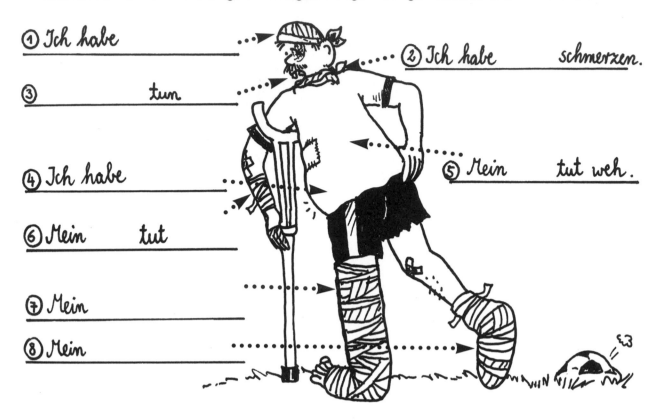

① Ich habe _____

② Ich habe _____ schmerzen.

③ _____ tun _____

④ Ich habe _____

⑤ Mein _____ tut weh.

⑥ Mein _____ tut

⑦ Mein _____

⑧ Mein _____

Lösungen und Auswertung zur Rallye durch *sowieso 1* und *2* in Einheit 1.

1 ① Hilfsverben: hatte, war; ② regelmäßige Verben: guckte, fragte; ③ unregelmäßige Verben: tat, sahen, hielten

2 ① – Hast du eine Gitarre? – Macht Deutsch Spaß? – Hast du einen Bleistift ② – Wer ist das? – Woher kommt er? – Wo liegt das? ③ – Wie oft trainiert ihr? – Wie schmeckt es? – Wohin ist sie gefahren?

3 ① weil ② weil ③ denn

4 richtig: a, c; falsch b – Ich ärgere <u>mich</u> …

5 ① letzte, neue ② langen, lange ③ neuen, neuen

6 ① dunkle ② roten ③ dickem

7 a-②, b-①, c-③

8 Korrektur ①: … das Bett an <u>das</u> Fenster gestellt; Korrektur ②: Auf meine<u>m</u> Schreibtisch steht … Korrektur ③: … steht … rechts von <u>der</u> Tür

9 a könntet b sollten c müsst/müsstet

10 Thema 1: Taschengeld, Thema 2: Schüleraustausch, Thema 3: Fernsehen

11 ① treiben, Mannschaft, Sportart, Wettkampf, Jugend-meisterschaft, gewinnen
② Käse, schälen, backen, Auflauf, kochen, schmecken, schneiden
③ Anzeige, Adresse, Jugendzeitschrift, Brief, Kontakt, beantworten, schicken

12

① begrüßen/ver-abschieden	② fragen, was jemand möchte	③ sagen, was man möchte
Guten Tag, Herr Mahlzahn.	Was möchtest du?	Ich hätte gern …
Guten Tag, Erika.	Noch etwas?	Ich brauche noch …
	Sonst noch etwas?	Ich möchte noch …
	Ist das alles?	Danke, das ist alles.

13 Text 1: Werbung, Text 2: Wohnen, Text 3: Reisen

Auswertung

35–39 Punkte:	Du bist Spitzenklasse! Viel Erfolg auch mit *sowieso 3*!
30–34 Punkte:	Du beherrschst den Stoff von *sowieso 1* und *2* gut. Wiederhole nächste Woche noch einmal die Aufgaben, die du nicht gelöst hast.
19–29 Punkte:	Sieh dir die Aufgaben und Lösungen genau an und spiele dann morgen noch einmal.
0–18 Punkte:	Du musst unbedingt systematisch wiederholen. Mache zusammen mit deiner Lehrerin/deinem Lehrer einen Wiederholungsplan.

A

1 Die Schweiz ist ein Rekordland. Warum? Lies den Text und die Statistik, dann erfährst du es.

Alle zehn Jahre findet in der Schweiz eine Volks-
zählung statt. 1990 wurden 6 873 687 Einwohner gezählt. Noch nie hatte man so viele regis-
triert. In 10 Jahren ist die Zahl um über eine
halbe Million gestiegen und damit hat die
Schweiz einen Rekord aufgestellt: Kein anderes
europäisches Land hat in nur 10 Jahren einen
solchen Zuwachs erlebt.
Woran liegt das? Schau die Ergebnisse der
Volkszählungen an, dann findest du bestimmt
die Gründe.

	Volkszählung 1980	Volkszählung 1990
Einwohner	6 323 428	6 873 687
Schweizer	5 387 560	5 627 066
Ausländer	935 868	1 246 621

2 Statistiken vergleichen. Auf Seite 22 im Kursbuch steht eine Statistik zur Zahl der Ausländer in Deutschland. Vergleiche sie mit folgender Tabelle und ergänze den Text.

Die Schweiz zählt rund _____ Millionen

Einwohner, davon sind _____ %

Ausländer. Im Gegensatz zu Deutschland, wo

die meisten Ausländer aus _____

kommen, findet man in der Schweiz an erster

Stelle die _____. An zweiter Stelle

liegen dann die _____, genau

wie in _____, und an dritter die

_____. Und während in Deutschland

viele Ausländer aus den osteuropäischen Ländern

kommen, wie die _____ und die

_____, gibt es in der Schweiz recht

viele Asiaten, die aus _____ und

_____ kommen. In der Schweiz

gibt es eine Gruppe von Ausländern, die es in

Deutschland nicht gibt. Die _____.

Sie liegen an fünfter Stelle in der Statistik.

Ausländer in der Schweiz

Ende 1994 insgesamt 1,33 Mio. (19%)
Gesamtbevölkerung von 7,02 Mio. Einwohner

Herkunftsland	Anzahl
Italien	367 074
Ex-Jugoslawien	274 476
Portugal	129 555
Spanien	104 703
Deutschland	90 129
Türkei	77 981
Frankreich	54 421
Österreich	28 658
Großbritannien	19 494
Niederlande	13 434
USA	12 292
Sri Lanka	9 005
Griechenland	7 619
Vietnam	6 811
Belgien	6 495
andere	130 346

Quelle: Bundesamt
für Statistik, Bern 1994

3 Hier sind acht Ausschnitte aus einem Telefonbuch. Kannst du erraten, woher die Namen kommen? Die Statistik in Aufgabe 2 kann dir z.T. helfen.

(a)

Van Damme Michèle	
Emilie Huber-Str. 25	832 57 38
Van de Graaf Beatrice	
Bacheckstr. 49	567 88 49
– Ruth	
Wasserthalstr. 14	768 50 46
Van de Kraats Angelika	
Physiotherapeutin	
Seestr. 49	343 04 58
Vandenhirts Michèle kfm. Angest.	
Im Grund 57/4	674 99 28

(b)

Pereira Marques Carlos Maurer	
Ballplatz. 95	324 43 41
Pereira do Nascimiento Rui Manuel	
Tollstr. 335	438 02 76
Pereira Ogando Amancio	
Kaltmühlestr. 38	*398 21 48
Pereira Saijo Maria Angeles	
Winzerweg. 85	549 53 83
Pereira dos Santos Maria	
Hauswartin	
Martinstr. 129	271 75 86

(c)

Sivapirakasam Vigneswaran	
Küchenhilfe	
Saumagenstr. 2	333 09 70
Sivapragasam Srikumaran	
Schimmelplatz. 95	475 38 59
Sivaprakasam Rathakrishnan	
Kurzstr. 65	451 44 96
Sivarajah Anpalagan	
Altthalstr. 14	484 50 27
Sivarasa Kannathasan	
Sahlstr. 68/305	*912 70 04
– Keziban Verkäuferin	
Saalstr. 65	142 08 39

(d)

Türkel Kiymet (-Oenal) Bankangest.	
Gaubenstr. 45	890 91 02
Türkell Necmettin (-Erkut)	
Kioskangest.	
Egonstr. 40/3	536 62 47
Türkgülsüm Cafer Angest.	
Obere Solm. 65	769 05 26
– Keziban Verkäuferin	
Obere Solm. 67	768 08 39
Türkmen Yakup	
Birnbaumstr. 57	251 11 06

(e)

Skariatos Jorgos (-Müller) Schreiner	
Sohlfeldstr. 50	371 69 67
– Maria (-Müller) Schauspielerin	
Mozartstr. 1	876 53 03
Skarpos Apostolos Beamter	
Vollstr. 51	671 24 75
Skartsollas Georgia Serviertochter	
Lorestr. 63	234 00 65
– Milti und Lilian (-Kokalis)	
Tessinerstr. 5/03	781 55 30

(f)

Nicolò Paolo Lehrer	
Bundesstr. 40	831 32 56
Nicolodi Ferruccio Packer	
Glutstr. 228	564 64 71
Nicolosi Carlo (-Difede)	
Thalstr. 8	391 65 33
– Giuseppe (-Biuso) Maurer	
Wiesenstr. 31	518 17 58
Nicolussi Giorgio (-Velasco) Dreher	
Schauinslandstr. 97	691 65 46

(g)

Milosavyevic Biljana Serviertochter	
Wollerstr. 576	645 11 82
Milosayljevic Dragisa Vorarbeiter	
Heugasse 51	613 20 32
Miloseva Snezana	
Altdorferstr. 26	862 92 45
Milosevic Branislav Chauffeur	
Stoppstr. 16	811 39 78
-Danica	
Bähnlistr. 32	532 83 59

(h)

Nguyen Anhdung Zahntechniker	
Hochtalerstr.320	342 24 92
– Chi Si El'ing.HTL	
Birnenstr. 51	642 44 50
– Dang Huong Masch'mech.	
Wassertor 776	561 38 59
– Hue Chauffeur	
Rütlistr. 80	672 56 76
– Khanh	
Lommbachstr. 9	*212 86 74

C

4 Wie sehen die jungen Schweizer ihre ausländischen Mitbürger? Die Jugendzeitschrift „Musenalp" hat Jugendliche gefragt. Hier einige Äußerungen.

FREMDENHASS NEIN!

1 Man sagt immer, ich habe doch nichts gegen Ausländer. Ich doch nicht. Insgeheim aber wünscht man sie dorthin zurück, wo sie herkommen.
Gabi

2 Ausländer sind keine grössere Gefahr für uns als irgendwelche Schweizer. Wenn aber ein Ausländer ein Verbrechen begeht, sind sofort alle Ausländer schlecht. Ist es ein Schweizer, zieht man daraus keinen Schluss auf alle Schweizer. Es sind eben sehr viele Vorurteile gegen Ausländer vorhanden, obwohl diese meist nicht begründet werden können.
Lara und Evelyne

3 Viele Ausländer sollten vielleicht probieren, sich den Sitten in unserem Land etwas besser anzupassen.
Cornelia und Claudia

4 „Wegen den Ausländern gibt es plötzlich so viele Arbeitslose." – Das finde ich ja den größten Quatsch! Es kann ja sein, dass wir zu viele Arbeitskräfte haben, aber da können die Ausländer nichts dafür, denn wir lassen ja immer mehr rein, und ob ein „Skini" WC's putzt oder andere Dreckarbeit machen wird, glaube ich kaum.
Peter

5 Die meisten Fremdenhasser wissen eigentlich nur wenig über die Ausländer.
Stefan

6 Ich konnte nicht Deutsch, ich hatte keine Freunde und kannte niemanden und war immer allein. In der vierten Klasse fand ich endlich Freunde.
Faton (Albaner)

7 Meine Sitznachbarin Slavica ist sehr nett. Sie ist Serbin und ich bin Schweizerin und wir kommen super aus zusammen.
Jolanda

8 Die Ausländer sind dann keine Gefahr für uns, wenn wir sie respektieren und so behandeln wie unseresgleichen. Oft misstrauen wir den Ausländern, weil wir ihre Sitten und Bräuche nicht gut kennen. Deshalb sollten wir uns bemühen, diese besser kennen zu lernen.
Nora und Claudia

9 Die Rassisten gehen vielleicht auch mal ins Ausland in die Ferien. Dort wollen sie doch auch nicht wie Dreck behandelt werden. Deshalb sollten sie die Ausländer im eigenen Land auch in Frieden wohnen und leben lassen.
Luigi

5 Wie verstehst du die Aussagen der Jugendlichen? Sind sie Ausländern gegenüber eher positiv oder negativ eingestellt? Kreuze in der Bewertungsskala von – – (sehr negativ) bis ++ (sehr positiv) an.

Texte ▶	1	2	3	4	5	6	7	8	9
– –									
–									
0									
+									
++									

6 Vergleiche deine Bewertung mit anderen in der Klasse.

7 Amadeus war auf einer Weltreise. Er träumt jetzt noch davon, aber er bringt Adjektive und Nomen durcheinander. Ordne sie richtig zu und ergänze die Endungen.

① die argentinisch_e_   ⓐ Pyramiden

② ein mexikanisch___   ⓑ Matterhorn

③ der brasilianisch___   ⓒ Eisberge

④ die australisch___   ⓓ Karneval

⑤ die chinesisch___   ⓔ Pampa

⑥ die grönländisch___   ⓕ Safaris

⑦ das schweizerisch___   ⓖ Mauer

⑧ die ägyptisch___   ⓗ Känguruhs

⑨ die kenianisch___   ⓘ Sombrero

8 Auch das sind „Ausländer". Fülle die Lücken aus, wie im Beispiel. Die Wörter im Kasten helfen.

> Ungarn · Italien · Schottland · Russland · Frankreich · Indien · Spanien · Kanada · Griechenland · ~~Österreich~~ Paella · Curry · Kaviar · Feta · Pizza · Lachs · Champagner · Whisky · Gulasch · ~~Sachertorte~~

a Die <u>österreichische Sachertorte</u> ist ein Kuchen mit viel Schokolade.

b Das _____ _____ ist ein scharfes Fleischgericht mit Paprika.

c Der _____ _____ ist ein sehr starkes alkoholisches Getränk.

d Die _____ ist ein _____ Reisgericht mit Fisch oder Fleisch.

e Der _____ _____ ist eine Art Wein mit vielen Bläschen.

f Der _____ ist ein weißer _____ Käse aus Schafsmilch.

g Der _____ ist eine Delikatesse aus den Eiern bestimmter Fische.

h Der beste _____ _____ kommt von der Pazifikküste.

i Der _____ ist ein scharfes, gelbbraunes _____ Gewürz.

j Die echte _____ _____ kommt aus Neapel.

D

9 Verbinde die Satzteile.

① Wenn du früher gekommen wärst,
② Wenn ich keinen Erfolg hätte,
③ Wenn sie nicht so faul wäre,
④ Wenn er fleißiger wäre,
⑤ Wenn wir den Bus nicht verpasst hätten,
⑥ Wenn ihr einen Schirm gehabt hättet,
⑦ Wenn sie eure Adresse hätten,
⑧ Wenn ich dich nicht kennen würde,

ⓐ würden sie euch schreiben.
ⓑ wäre sie schon lange fertig.
ⓒ wärt ihr nicht so nass geworden.
ⓓ hättest du noch Platz gefunden.
ⓔ hätte ich dir nie geglaubt.
ⓕ wären wir vor einer Stunde angekommen.
ⓖ hätte er bessere Noten.
ⓗ würde ich den Beruf wechseln.

10 Schreibe Sätze im Heft, wie im Beispiel.

a ○ Warum gehst du heute nicht zur Schule? ● Weil ich krank bin.
b ○ Warum schenkst du ihm eine CD? ● Weil er Geburtstag hat.
c ○ Warum kommt ihr nicht mit? ● Weil wir schon eine Einladung haben.
d ○ Warum macht sie immer so viele Fehler? ● Weil sie sich nicht konzentriert.
e ○ Warum kaufst du keine neue Jeans? ● Weil ich kein Geld habe.
f ○ Warum haben sie so wenig Freunde? ● Weil sie langweilig sind.
g ○ Warum hast du so viele Bücher? ● Weil ich gerne lese.

a) Wenn ich nicht krank wäre, würde ich heute zur Schule gehen.

11 Realität – keine Realität. Schreibe Sätze, wie im Beispiel.

a Ich muss lernen. Ich kann nicht kommen.
b Sie wissen es nicht. Sie können dir nicht helfen.
c Du bist zu spät gekommen. Du musst jetzt warten.
d Ihr seid nicht ehrlich. Ihr werdet Schwierigkeiten haben.
e Wir sind noch nicht 18. Wir dürfen diesen Film nicht sehen.
f Es gibt keine Hamburger mehr. Wir müssen Würstchen essen.
g Ich weiß alles. Ich werde dich nicht mehr fragen.
h Er ist zu schwer. Er hat Probleme mit der Gesundheit.

a) Wenn ich nicht lernen müsste, könnte ich kommen.

12 Auf der Kassette findest du ein Gedicht von Peter Härtling: „Wenn jeder eine Blume pflanzte." Höre das Gedicht und schreibe die Verszeilen in der richtigen Reihenfolge ins Heft.

Wenn jeder eine Blume pflanzte

wenn dies WENN sich leben ließ,
keiner sich verstrickte in der Lüge,
sie sich teilten in den Bürden,
Wenn jeder eine Blume pflanzte,
bloß die Menschenzeit hätt' angefangen,
wenn ein jeder einen andern wärmte,
die in Streit und Krieg uns beinah ist vergangen.
jeder Mensch auf dieser Welt,
keiner mehr von seiner Stärke schwärmte,
und mit Lächeln zahlte statt mit Geld –
wär's noch lang kein Paradies –
und, anstatt zu schießen, tanzte
keiner mehr den andern schlüge,
wenn die Alten wie die Kinder würden.

13 Steht das im Gedicht? Wenn ja, in welcher Zeile des geordneten Gedichts?

	Zeile

Die Menschen würden besser leben, ...

a ... wenn sie sich die Arbeit teilen würden. _____

b ... wenn sie ehrlicher wären. _____

c ... wenn sie mehr Geld hätten. _____

d ... wenn sie stärker wären. _____

e ... wenn sie keine Waffen brauchen würden. _____

f ... wenn sie sich nicht schlagen würden. _____

g ... wenn sie nicht so kalt wären. _____

h ... wenn sie spontaner wären. _____

Peter Härtling wurde 1933 in Chemnitz/Sachsen geboren. Er arbeitete als Journalist, Lektor und Verlagsleiter, bevor er freier Schriftsteller wurde. Er lebt heute in Walldorf/Hessen. Härtling schreibt Romane, Erzählungen und Gedichte. In seinen Jugendbüchern beschreibt er die Alltagsprobleme von Jugendlichen in unserer Zeit. In *sowieso 2* haben wir den Dialog „Sollen wir uns kloppen" von ihm veröffentlicht.
Das Gedicht oben haben wir aus: Peter Härtling, Poesiekiste – Sprüche fürs Poesiealbum, Rowohlt Verlag, Reinbek 1981.

14 Lies den Text. Links findest du Wortschatzhilfen, rechts Kommentare.

Die Stille

Kurzgeschichte von Boris Witmer, 18 Jahre

schwere Militärstiefel		Typische Schuhe für Rechtsradikale, Skins usw.

Die schweren Schritte der Springerstiefel werden hinter ihm immer lauter und die Stille in der leeren Straße wird durch lautes Gejohle unterbrochen.

Schreien, Rufen — Sie haben vielleicht zu viel Alkohol getrunken.

Trotz der vorwinterlichen Kälte schwitzt er, die Haare kleben an seiner Stirn.

Verletzung 5 Die Wunden an der rechten Hand spürt er schon lange nicht mehr.

Er ist verletzt. Wie ist das passiert?

In der Dunkelheit ist das Blut auf seiner dunklen Haut kaum erkennbar, seine Angst hingegen schon;

Vielleicht ein Ausländer?

die Augen weit aufgerissen, die Hände und Fäuste geballt. Langsam, aber sicher verringert sich sein Vorsprung.

Die Männer kommen näher.

10 Beim türkischen Markt hatten sie ihn getroffen, als er gerade vom Stand seines Vaters wegging.

Geschäft auf dem Markt

Es war schon dunkel, aber das Messer in der Hand des einen blitzte in der Beleuchtung der Straßenlampe und er begann zu rennen. Jetzt, über zwei Kilometer vom Markt entfernt, beginnen

15 seine Beine nachzugeben. Er stolpert und fällt, und anstatt aufzustehen, bleibt er liegen und fängt an zu weinen; zwei

Er ist müde und kann nicht mehr.

Er weint. Tränen kullern seine Wangen hinunter. Hinter ihm signalisieren Schritte, dass sie ihn nun endlich eingeholt haben. Ein letztes Mal den Himmel anschauend, beginnt er zu

20 beten. Ein erster Schlag trifft ihn über dem rechten Auge, sein Kopf knickt zurück, Dunkelheit umgibt ihn. Nur noch schwach nimmt er wahr, wie sie ihn schlagen und an-

Er sieht und hört nichts mehr.

schreien, ihm ins Gesicht spucken. Langsam verlässt ihn seine Kraft und er wehrt sich nicht mehr. Zehn Minuten

Sie gehen weg und lassen ihn auf der Straße liegen. 25 später ziehen sie ab und überlassen den leblosen Körper der Dunkelheit. Stille.

Im Haus auf der anderen Straßenseite zieht eine Frau –

Sie hat ihn gesehen. Sekunden vorher noch die Augen auf den leblosen Körper

Ist er tot?

Sie macht das Licht aus. gerichtet – die Gardinen zu und löscht das Licht.

---

15 Wie könnte ein Zeitungsbericht über den Vorfall aussehen? Zeitungstexte informieren meistens über diese Fragen:

Wer?
Was?
Wo?
Wann?
Warum?

> **Überfall auf Ausländer**
> Die Polizei fand gestern Morgen in der Mombachstraße einen 18-jährigen Ausländer. Der Mann war schwer verletzt. Nach seinen Angaben hatte ihn eine Gruppe Skinheads auf dem Markt vor dem Geschäft seines Vaters mit einem Messer angegriffen. Die Gruppe verfolgte ihn danach vom Markt bis zur Mombachstraße. Dort schlugen sie ihn zusammen und ließen ihn liegen. Die Polizei bittet um Mithilfe: Wer hat die Schlägerei beobachtet? Zeugen sollten sich unter der Nummer 8 93 94 59 melden.

Zu welchen Fragen findest du Informationen in unserem Zeitungstext? Mache Stichpunkte.
In der Kurzgeschichte gibt es Informationen, die nicht in der Zeitung stehen.
Notiere den wichtigsten Punkt.

16 Wenn du den Text interessant findest, solltest du vorschlagen, in der Klasse darüber zu sprechen.

Selbsttest

Es gibt drei verschiedene Aufgabentypen:
1 Drei Lückentexte: A leicht, B mittelmäßig, C schwer.
2 Einen Hörtext.
3 Eine Aufgabe zu Strukturen und Wortschatz.

Du kannst 110 Punkte bekommen. Mit mindestens 66 Punkten (60%) hast du den Selbsttest „bestanden".

1 Lückentexte

Ergänze in den folgenden Texten die Wörter. Tipp: Bei jedem zweiten Wort fehlt ungefähr die Hälfte. Siehe zuerst die Lösungen im Beispielsatz an. Pro Lücke 1 Punkt.

Text A

Nun bin ich seit zwei Monaten in der neuen Schule. Es ge_ht_ mir g_ut_ und i_ch_ habe sch_on_ einige Fre_unde_ gefunden.

Wir arb_____ oft zus_____, besonders i__ der Mittag_____, weil w_____ nicht na____ Hause ge_____ können. W_____ essen manc_____ in d____ Schulmensa od___ wir bri_____ etwas v_____ zu Ha_____ mit.

D_____ neuen Le_____ sind fa_____ alle symp_____, einige si_____ aber se_____ streng u_____ man mu_____ für die_____ Fächer vi_____ arbeiten. Ich muss jetzt aufhören, weil ich jetzt gleich Deutsch habe. Bis bald. Dein/e …

max. 24 Punkte

Text B

Letztes Wochenende sind wir mit dem Sportverein nach Konstanz gefahren.

In Kons_____ gab e____ die Jugendmei_____ im Volle_____. Wir si_____ schon u_____ sechs U_____ morgens abgef_____ und si_____ gegen ze_____ angekommen. W____ haben u_____ sofort vorbe_____, weil w_____ um e_____ schon spi_____ mussten. W_____ haben d____ zwei ers_____ Spiele gewo_____, leider ha_____ wir i__ Halbfinale verl____. W____ hatten ab__ großen Sp_____ und ha_____ viele Jun_____ und Mäd_____ kennen gel_____.

max. 30 Punkte

Text C

Die Woche vor Ostern heißt „Karwoche". Am Karfr_____ essen vi_____ Leute ke_____ Fleisch. A_____ dem La____ gibt e____ manchmal no_____ sehr al_____ Osterbräuche, z. B. d_____ Osterfeuer und d_____ Osterwasser. Das Oster_____ holt m_____ am Oster_____ aus ei_____ Bach und tr_____ es n_____ Hause. Da_____ darf m_____ nicht spr_____ und ni_____ lachen. We_____ man si____ damit wä_____, bleibt m____ das ga_____ Jahr sch_____ und ges_____, sagen d____ Leute. In Grieche_____ essen d_____ Leute in der Karwoche nur Obst und Brot.

max. 30 Punkte

2 Hörverstehen

„Am Mittagstisch": Höre das Gespräch und kreuze an. Was ist richtig?
Pro richtige Lösung 2 Punkte.

1. Petra möchte nächsten Sommer einen Monat nach Rodi.
2. Ihre Eltern kennen Rodi.
3. Sie fährt mit Freunden.
4. Der Vater ist einverstanden.
5. Petra arbeitet vier Wochen in einem Supermarkt.
6. Sie verdient nicht viel.
7. Sie hat eine Brieffreundin in Griechenland.
8. Ihre Eltern wollen auch mit.

max. 6 Punkte

3 Strukturen/Wortschatz

Welches Wort passt in den Satz? Kreuze a, b, c oder d an. Pro richtige Lösung 2 Punkte.

1 Was machst du am Wochenende?
Ich werde … meinen Großeltern fahren.
a bei b für c nach d zu

2 Heute Abend bin ich eingeladen. Mein …
Freund hat Geburtstag.
a besser b bester c besten d besseren

3 Ich weiß, dass … Obst gesund ist. Aber ich
mag es einfach nicht.
a frisch b frische c frischen d frisches

4 Kannst du mir sagen, … der Schlüssel liegt?
a wo b wohin c woher d wovon

5 Das ist aber schade, dass ich gestern nicht
kommen konnte. Ich … Daniel gern gesehen.
a hatte b hätte c möchte d würde

6 Ich habe meinen Füller …
Hause vergessen.
a in b nach c von d zu

7 … du mir einen Bleistift leihen?
a konntest b konnte c könntest d könnt

8 Tut mir leid, ich habe auch … .
a kein b keine c keiner d keinen

9 Ich … dir einen Kuli geben.
a darf b kann c muss d soll

10 Danke, ich gebe … dir morgen wieder.
a sie b ihm c ihn d es

max. 20 Punkte

Kurzgeschichte

4   Du kannst selbst entscheiden, wie du mit dem Text „Nadelstiche" umgehen willst.
Du kannst ihn nur hören oder lesen oder auch beides. Betrachte zunächst die Zeichnung und überlege, was zwischen diesen beiden Menschen passiert. Notiere deine Gedanken unter dem Bild.

---

 5   Höre oder lies den Text und bringe dann die Sätze in die richtige Reihenfolge.

1. Er bereitete immer viele Zettel auf seinem Schreibtisch vor.
2. Nach der Operation wollte ihr Mann mit ihr sprechen.
3. Vor zwei Jahren war sie im Krankenhaus, weil sie krank war.
4. Als er nach Hause kam, brannte sein Haus.
5. Darauf war geschrieben: „Ich brauche Feuer".
6. Seit 6 Jahren kommunizierten sie nur schriftlich.
7. Er wollte seiner Frau einen Zettel bringen; sie war aber nicht da.
8. Sie brauchte nie neue Zettel.
9. Auf dem ersten Zettel stand: „Ich brauche Feuer".
10. Auch an seinem 63. Geburtstag ging er aus.
11. Aber mit der Zeit gab es überall Zettel. Sie wurden wie Nadelstiche: schmerzhaft und böse.
12. Seine Frau stand auf der Straße und weinte, sie hatte einen Zettel in der Hand.
13. Er konnte nicht mehr rechtzeitig aus dem brennenden Haus laufen.
14. Die ersten Zettel wurden zum Spaß geschrieben.
15. Seit 19 Jahren waren sie verheiratet.

Reihenfolge: 🔲15 ☐ ☐ ☐ ☐ ☐ ☐ ☐ ☐ ☐ ☐ ☐ ☐ ☐ ☐

„Nadelstiche"
von Jürg Bichler

Seit 19 Jahren waren sie verheiratet. Und seit sechs Jahren sprachen sie nicht mehr miteinander, sie verkehrten nur noch schriftlich. Kleine Zettel gingen hin und her. Stichworte, Stichworte der Bosheit.

5 Angefangen hatte es völlig belanglos. Er hatte gesagt, er schreibe jetzt dann auf, was er sage, damit sie es nicht überhöre. Und drei Tage später, als er – die Pfeife im Mund – seine Zündhölzer suchte, schrieb er auf einen Zettel: „Ich brauche Feuer!" Zum Scherz. Ihre Antwort
10 kam prompt. Sie legte ihm einen Zettel in den Aschenbecher: „Ich bin keine Maschine". Noch lächelten sie. Aber aus dem Scherzchen wurde eine Marotte, aus der Marotte ein Spiel und aus dem Spiel wurde Ernst. Schließlich ging es nur noch darum, wer zuerst
15 aufgeben würde. Die kleinen Zettel lagen überall. Nadelstiche.

Anfänglich plump, dann immer differenzierter, schließlich teuflisch. Und immer war sie ihm eine Nasenlänge voraus. Das störte ihn. Einmal musste er siegen.

20 Vor zwei Jahren wäre es beinahe gelungen. Sie war eben nach einer Magenoperation nach Hause zurückgekehrt und lag im Bett. Er stand daneben und überlegte, ob er den Stumpfsinn abbrechen sollte. Ein Wort, vielleicht zwei. Doch als ob sie es gemerkt hätte, blickte sie
25 ihn an: mitleidig, vorwurfsvoll, überheblich. Die Wut stieg in ihm hoch. Und er schrieb: „Ich gehe gut essen!" „Gut" unterstrichen. Sanft schloss er die Tür und ging. Gerade als er seine Vorspeise anschneiden wollte, betrat sie die Gaststube, setzte sich ihm gegenüber, bestellte
30 das gleiche Menü, aß es schweigend und ging vor ihm wieder weg. Übrig blieb ein Zettel neben seiner Kaffeetasse: „Mein Magen ist in Ordnung!" Seine Geste wurde zur theatralischen Gewohnheit. Wenn er etwas ersonnen hatte, marschierte er zu seinem Schreibtisch, nahm einen Zettel von der stets bereiten Beige und schrieb seine Teufelei nieder.
35
Sie dagegen kehrte meistens seine Zettel um und schrieb ganz einfach auf die Rückseite. Auch das war ein Sieg. Für seine Begriffe war er stets in der Defensive, was ihn überall und jederzeit auf eine günstige
40 Gelegenheit hoffen ließ, um endlich zuschlagen zu können. So war es auch an seinem 63. Geburtstag. Als er wie gewohnt um 22 Uhr nach Hause kam, stand das oberste Stockwerk in Flammen. Kurz dachte er an Rettung, doch dann übermannte ihn die
45 verlockende Situation, die ihm der Zufall beschieden hatte. Blitzschnell entschloss er sich zum Angriff. Er marschierte zu seinem Schreibtisch, hob einen Zettel von der Beige und schrieb: „Achtung, das Haus brennt!" Eben wollte er den Zettel seiner Frau ins Zimmer hinaufbringen, da fiel sein Blick auf das nun oberste Blatt auf der Beige. Darauf stand: „Ich weiß
50

es, ich habe es angezündet!" Betäubt von der grauenvollen Niederlage hastete er nach oben. Doch ihr Zimmer war leer. In diesem Moment brach das Feuer
55 überall durch. Er schleppte sich, nach Atem ringend, nach unten. Doch als er fast im Freien war, brach die Eingangsmauer auf ihn herab und begrub ihn.
Vor dem Haus auf der Straße stand eine Frau und weinte. In der Hand hielt sie einen vergilbten und
60 zerknitterten Zettel. Darauf war zu lesen: „Ich brauche Feuer!"

Glossar

verkehren: kommunizieren • **Bosheit:** Nomen, Adj.: böse • **belanglos:** unwichtig • **überhören:** so tun, als ob man etwas nicht hört • **Zündhölzer:** man braucht sie zum Feuermachen • **zum Scherz:** zum Spaß • **prompt:** gleich • **Marotte:** seltsame Gewohnheit • **aus dem Spiel wurde Ernst:** das Spiel wurde Wirklichkeit • **Nadelstich:** wenn man von einer Nadel gestochen wird, spürt man einen kurzen starken Schmerz. • **teuflisch:** sehr böse • **siegen:** gewinnen • **beinahe gelungen:** fast verlaufen wie geplant • **den Stumpfsinn abbrechen:** mit dem langweiligen Spiel aufhören • **überheblich:** arrogant • **die Wut stieg in ihm hoch:** er wurde sehr böse • **die Beige Zettel:** viele Zettel (ein Stapel Zettel) • **die Rettung:** jmd. aus einer gefährlichen Situation helfen • **in Flammen stehen:** brennen • **betäubt:** man kann nicht mehr klar denken und fühlen • **die Niederlage:** wenn man verloren hat • **nach Atem ringend:** man bekommt zu wenig Luft, man atmet nur mit großer Mühe

1 Auf den folgenden Seiten wirst du eine Kurzgeschichte lesen, die in Südafrika spielt.
Wir geben dir hier einige Informationen über dieses Land, aber sicher weißt auch du schon einiges.
Was fällt dir zum Wort Südafrika ein? Schreibe ein Assoziogramm.

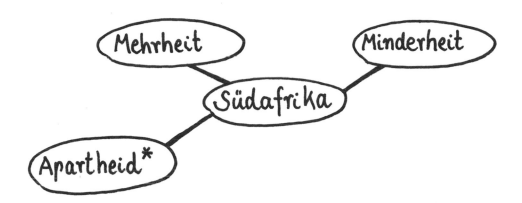

Südafrika, Republik (amtl. Republiek van Suid Afrika; engl. Republic of South Africa). Rep. im S. von Afrika, 1 119 566 qkm, 32,4 Mill. Einwohner (davon 4,9 Mill. Weiße, 20 Mill. Bantus). Bundeshauptstadt Pretoria, Sitz des Parlaments Kapstadt. Staatssprachen: Afrikaans und Englisch. Religion: überwiegend protestant., Klima: subtrop., mit kühlen heiteren Sommern und milden Wintern. Pflanzen und Tierwelt: im Inneren Grassteppe, im N Dornbuschsteppe, in den Randgebirgen Hartlaubwald, an der Ost- und Südküste Regenwälder.

* **Apartheid** [afrikaans, von apart, „einzeln, besonders"], seit 1948 angewandte politisch-gesellschaftl. Doktrin in der Republik Südafrika: Durch polit., soziale, wirtschaftl. u. räuml. Trennung der Rassen sollte eine getrennte Entwicklung in allen Bereichen herbeigeführt werden. Die Politik der A. wurde nahezu auf der ganzen Welt angefochten, da sie zur Unterdrückung aller „nicht-weiß" genannten Südafrikaner führte u. die Vorherrschaft der weißen Minderheit zementierte. Die A. verursachte die außenpolit. Isolierung Südafrikas. Erst der südafrikan. Präsident de Klerk leitete die Abkehr von der A.politik ein.

2 **Kannst du diesen Satz ergänzen?**

1994 fanden in Südafrika die ersten freien Präsidentschaftswahlen statt und das Land wählte mit großer Mehrheit seinen ersten schwarzen Präsidenten. Sein Name ist …

❑ Louis Armstrong.
❑ Desmond Tutu.
❑ Martin Luther King.
❑ Nelson Mandela.

Finde heraus, wer die anderen drei Personen sind.

3 Die folgende Kurzgeschichte ist von Friedrich Dürrenmatt. Sie wurde ein wenig gekürzt und teilweise zusammengefasst. Lies einen Abschnitt nach dem anderen und mache jeweils die dazugehörenden Aufgaben. Als Erstes solltest du immer den Wörterkasten bearbeiten.

DIE VIRUSEPIDEMIE
IN SÜDAFRIKA

Wörterkasten 1–30. Wie heißt das im Text?
Die Wörter findest du in den Zeilen
2, 3, 7, 9, 12, 15 (2x), 16 (2x), 22, 28.
– etwas mit Händen ganz fest halten
– sehr laut sprechen
– die Luft laut aus der Nase lassen
– konfus, unsicher, durcheinander
– in einen Raum einschließen
– Erkältung, Grippe …
– Konstruktion aus Eisenstäben
– schockiert, sehr erschrocken
– kleiner Raum in einem Gefängnis
– anschauen
– auf böse Art lachen

4 Schau die Bilder an und vergleiche mit dem Text. Welches passt?

A

B

Der Regierungspräsident Südafrikas wurde von einem Schnupfen mit Fieber befallen und als er am Morgen erwachte, verließ seine Frau niesend und schreiend das eheliche Bett, die Polizei erschien, ebenfalls von einem Schnupfen befallen und fiebrig, fragte, wo der Regierungspräsident sei, lachte höhnisch auf, als er erklärte, er sei der Regierungspräsident, führte ihn, so wie er war, im Pyjama ab und warf ihn in eine Zelle zu einem Schwarzen, der laut protestierte, er sei der Justizminister und es sei gegen die Apartheid, ihn mit einem Schwarzen in eine Zelle zu sperren. Der Regierungspräsident schaute den protestierenden Schwarzen an und dann sah er seine eigenen, das Zellengitter umklammernden Hände, auch sie waren schwarz. Entsetzt betrachtete er den andern genauer und dachte sich die Hautfarbe weg. Es war wirklich der schwarz gewordene weiße Justizminister, der im selben Moment den schwarz gewordenen weißen Regierungspräsidenten erkannte. Wir sind Weiße, schrien beide, worauf ein schwarzer Polizist erschien und brüllte, seid mal ruhig, ihr verdammten Schwarzen, und zwei weitere schwarze Polizisten rannten herbei und schlugen den ersten schwarzen Polizisten zusammen, ein schwarzer Polizist habe hier nichts zu suchen, doch plötzlich glotzten sie sich an, betrachteten ihre schwarzen Hände. Verwirrt ließen sie den Regierungspräsidenten und den Justizminister frei. Es war ja möglich, dass diese auch Weiße waren. 30

Eine Virusepidemie war ausgebrochen. Die Weißen wurden schwarz. Die Weißen wagten sich nicht ins Freie, waren sie schwarz geworden, die Frauen nicht in die Einkaufszentren und in die Friseursalons, die Männer nicht ins Büro. Die Polizei 35 und die Armee bekämpften einander.

Die noch weißen Polizisten und Soldaten schossen auf die schwarz gewordenen weißen Polizisten und Soldaten, in der Meinung, diese seien

40 Schwarze, die sich der Uniformen und Waffen der Weißen bemächtigt hätten, und weil die schwarzen weißen Polizisten und Soldaten nicht beweisen konnten, dass sie Weiße waren, schossen sie auch. Tausende fielen, weil viele Schwarze zugun-

45 sten der schwarzen Weißen in die Kämpfe eingriffen, in der Meinung, diese seien Schwarze. Die Weißen schienen zu siegen, doch nahm zu ihrer Bestürzung ihre Zahl ständig ab, weil immer mehr schwarz wurden. Die Virusepidemie verbreitete

50 sich unaufhaltsam unter den Weißen. Nach Schnupfen und Fieber Veränderung der Hautfarbe. Die schwarzen Weißen wussten sich von den schwarzen Schwarzen nicht zu unterscheiden und die schwarzen Schwarzen von den schwarzen

55 Weißen nicht.
[...]

Zusammenfassung: Es folgen schwere Kämpfe. Der Regierungspräsident und der Ministerrat beschließen, dass die weißen Südafrikaner, auch

60 wenn sie schwarz geworden sind, weiterhin für ihre Privilegien kämpfen wollen.

Eine Kommission wurde eingesetzt. Es galt vor allem, die schwarzen Weißen von den schwarzen Schwarzen zu unterscheiden.

65 [...]
Jeder schwarze Weiße musste ein weißes Emailschild umgehängt tragen, auf dem mit schwarzen Buchstaben stand: weiß, während jeder schwarze Schwarze ein schwarzes Emailschild umzuhängen

70 hatte, auf dem mit weißen Buchstaben stand: schwarz.
[...]
Doch kaum waren die Emailschilder verteilt, wurden sie eingezogen. Die Farbe der Emailtafeln war

75 zu suggestiv. Die schwarzen Weißen wurden oft wie schwarze Schwarze behandelt und schwarze Schwarze wie weiße Schwarze privilegiert. Deshalb beschloss die Kommission, für die schwarzen Weißen weiße Emailschilder mit goldener In-

80 schrift „weiß" und für die schwarzen Schwarzen schwarze Emailschilder mit roter Inschrift „schwarz" herzustellen, ein Beschluss, der die Herausgabe erheblich verzögerte.

Wörterkasten 31–55. Wie heißt das in deiner Sprache? Suche im Wörterbuch.

ausbrechen = _____

sich wagen = _____

die Waffe = _____

sich bemächtigen = _____

beweisen = _____

zugunsten = _____

eingreifen = _____

scheinen = _____

die Bestürzung = _____

abnehmen = _____

ständig = _____

sich verbreiten = _____

unaufhaltsam = _____

die Veränderung = _____

5   Kreuze die richtigen Aussagen an.

❑ **a** Die Weißen werden immer weniger, weil viele schwarz werden.

❑ **b** Alle Polizisten kämpfen gegen die Soldaten, weil die Polizisten weiß sind und die Soldaten schwarz.

❑ **c** Die Polizisten schießen, weil die Soldaten ihre Uniformen und Waffen gestohlen haben.

❑ **d** Weiße Polizisten und Soldaten schießen auf die schwarz gewordenen weißen Polizisten und Soldaten.

❑ **e** Viele Schwarze kämpfen für die schwarzen Weißen.

Wörterkasten 62–83. Welches Verb wird dafür im Text gebraucht? Kontrolliere mit dem Wörterbuch.

wurde gebildet (62) = _____

es war wichtig (62) = _____

sie wurden eingesammelt (74) = _____

entschied (78) = _____

produzieren (82) = _____

es dauerte länger (83) = _____

6 Lies die Zeilen 90–119 und bearbeite danach den Wörterkasten.

Wörterkasten 90–119. Versuche durch deine Sprache (wenn sie dabei ist) oder eine der folgenden Fremdsprachen das passende Wort im Text zu finden und markiere es.

Zeile	Englisch	Französisch	Italienisch
90	black market	marché noir	mercato nero
90	to blossom	fleurir	fiorire
96	to acquire	acquérir	acquisire
102	to prove	prouver	provare
104	corruptible	corruptible	corruttibile
107	to give up	renoncer	rinunciare
107	to decide	disposer	disporre
110	to testify	témoigner	testimoniare
111	measure	mesure	provvedimento

7 Wie war die Situation während der Apartheid? Schreibe einen Satz aus den folgenden Elementen dazu. Ein Element bleibt übrig.

die Weißen. weil war schwarz, aber
Die Mehrheit der Bevölkerung es regierten

Wörterkasten 120–174. Ordne zu.

die Ehe	sehr böse werden, rebellieren
häufig	ohne Pause
heimtückisch	die Verbindung durch Heirat
das Gerücht	einen Ort aus Angst verlassen
retten	aus einer Gefahr helfen
verkünden	hin und her bewegen, zittern
sich bekennen	schlimm, gefährlich
anwenden	offiziell sagen
sich empören	wegschicken
die Unterstützung	akzeptieren
wegfegen	benutzen
flüchten	die Hilfe
unentwegt	oft
schütteln	eine Nachricht ist nicht sicher

Zusammenfassung: Gerade zu diesem Zeitpunkt trifft eine Delegation der schweizerischen Großbanken ein: Sie will in Südafrika Milliarden investieren. Da sie aber nur schwarze Bankiers antrifft, kehrt sie verunsichert in die Schweiz zurück, und als sie dort ankommt, ist auch sie pechschwarz! 85

Der Schwarzhandel mit den, Emailschildern blühte, die schwarzen Weißen, die gegen die Apartheid waren, suchten schwarze Emailschilder mit der roten Inschrift „schwarz" und die schwarzen Schwarzen, die gegen die Apartheid waren, weiße Emailschilder mit der goldenen Inschrift „weiß" zu erwerben. Überall wurden falsche Emailschilder produziert und bald wusste man nicht mehr, wer ein schwarzer Schwarzer und wer ein schwarzer Weißer war. 90 95

[...]
Von nun an sollte jeder schwarze Weiße durch ein Arztzeugnis beweisen, dass er ein Weißer war, aber die Ärzte waren teils ihrer Aufgabe nicht gewachsen, teils bestechlich, teils ohnehin für die schwarzen Schwarzen, es gab bald viele Millionen mehr schwarze Weiße als vorher Weiße. Der Regierungspräsident gab nicht auf. Er verfügte, dass in Zukunft jeder schwarze Weiße mit einem schwarzen Schwarzen zu erscheinen habe, der bezeugen könne, der schwarze Weiße sei ein schwarzer Weißer. Diese Maßnahme verkomplizierte das Leben ungemein. Hinter jedem schwarzen Weißen stand ein schwarzer Schwarzer, heiratete ein schwarzer Weißer eine schwarze Weiße, musste vor dem Standesamt und vor dem Altar hinter dem schwarzen Weißen ein schwarzer Schwarzer und hinter der schwarzen Weißen eine schwarze Schwarze stehen. 100 105 110 115

[...]
Das Durcheinander von schwarzen Weißen und schwarzen Schwarzen nahm zu, und da es immer mehr schwarze Schwarze gab, die, sich auf das falsche Zeugnis der sie begleitenden schwarzen Schwarzen stützend, sich als schwarze Weiße ausgaben, infiltrierten diese immer mehr die Gesellschaft, so sehr, dass auf einmal weiße Kinder geboren wurden. Der Regierungspräsident setzte beunruhigt eine Regierungskommission ein. Die ging der Sache nach. Es stellte sich heraus, dass die weißen Kinder entweder aus der Verbindung eines schwarzen Weißen mit einer schwarzen Schwarzen oder einer schwarzen Weißen mit einem schwarzen Schwarzen hervorgegangen wa- 120 125 130

ren. Von da an wurden Ehen zwischen schwarzen
135 Weißen und schwarzen Schwarzen immer häufiger, endlich das allgemein Übliche, obgleich sich herausstellte, dass nur die Hälfte der geborenen Kinder weiß waren, von denen wiederum die Hälfte nicht immun gegen das heimtückische Virus
140 waren und bald wiederum schwarz wurden. Der Regierungspräsident, dessen Ministerrat immer noch ausschließlich aus schwarzen Weißen bestand, obgleich Gerüchte herum liefen, die Hälfte seien schwarze Schwarze, versuchte zum letzten
145 Mal die Apartheid zu retten.

„Südafrikaner", verkündete er mit dem Mut der Verzweiflung im Fernsehen, „wir sind schwarz, gleichgültig, ob wir nun weiße Schwarze oder schwarze Schwarze sind. Schwarz ist unsere Haut-
150 farbe, zu der wir uns bekennen. Aber nun ist eine neue Gefahr für die Reinheit der südafrikanischen Rasse aufgetaucht: Weiße, die nicht schwarze Weiße sind wie wir, sondern weiße Schwarze. Gegen diese sind jene Gesetze der Apartheid hin-
155 fort anzuwenden, die wir gegen die schwarzen Schwarzen angewandt haben. Es lebe das schwarze Südafrika." Diese Rede löste eine Revolution aus. Die Eltern der weißen Schwarzen, die schwarze Weiße und schwarze Schwarze waren,
160 empörten sich und mit der Unterstützung der übrigen Bevölkerung, der Polizei und des Militärs, ja des Ministerrats fegten sie den Regierungspräsidenten weg, der nach Angola flüchtete (auch Namibia war vom Virus erfasst worden). Das war das
165 Ende der Apartheid, wie mir der Zürcher Bankier erklärte, der mir diese Geschichte erzählte. Er war tiefschwarz, trug einen weißen Anzug und eine überaus farbige Krawatte. Zur Jazzmusik, die aus seinem umgehängten Transistorradio drang, tän-
170 zelte er unentwegt um mich herum und auch sonst strahlte er eine Lebensfreude aus, wie sie unter Zürchern nie zu finden ist. Ich schreibe seinen Bericht nieder – von einem plötzlichen Schnupfen befallen und vom Fieber geschüttelt.

8   Aus welcher Art von Verbindung werden plötzlich weiße Kinder geboren? Markiere die möglichen Kombinationen.

Vater	Mutter
schwarzer Weißer	weiße Schwarze
weißer Weißer	schwarze Weiße
schwarzer Schwarzer	weiße Weiße
weißer Schwarzer	schwarze Schwarze

9   Wer ist das?

a _____

b _____

Friedrich Dürrenmatt wurde 1921 in der Schweiz, im Kanton Bern, geboren.
Er studierte Theologie, Literatur, Philosophie und Naturwissenschaften.
Er hat als Zeichner, Grafiker, Illustrator und Theaterkritiker gearbeitet und
war 1968/69 Theaterdirektor in Basel. Er hat viele Dramen (*Die Physiker*)
und Tragikomödien (*Der Besuch der alten Dame*) geschrieben, ist aber auch
als Autor von Erzählungen, ganz besonders von Detektivgeschichten,
bekannt (*Der Verdacht, Der Richter und sein Henker*). Friedrich Dürrenmatt
starb 1990 in Neuenburg.

A

1   Lies zuerst die Definition des Begriffs „Berufsfeld" und ordne dann die Berufe den Berufsfeldern zu.
Schreibe eine Liste ins Heft.

Was sind Berufsfelder?
Ein Berufsfeld fasst eine Gruppe von Berufen zusammen, die miteinander „verwandt" sind. Berufe, in denen mit ähnlichen Materialien gearbeitet wird (z.B. Elektroberufe); Berufe, bei denen am selben Projekt gearbeitet wird (z.B. Bauberufe) oder die am gleichen Ort ausgeübt werden (z.B. Naturberufe).

Friseur/in	Ingenieur/in
Elektriker/in	Pfarrer/in
Landwirt/in	Journalist/in
Lehrer/in	Arzt/Ärztin
Koch/Köchin	Taxifahrer/in
Verkäufer/in	Kellner/in
Schauspieler/in	Bürokaufmann/frau
Metzger/in	Krankengymnast/in
Bäcker/in	Sozialarbeiter/in
Programmierer/in	Tierpfleger/in
Autor/in	Künstler/in
Gärtner/in	Professor/in
Mechaniker/in	Polizist/in
Bankkaufmann/frau	Pianist/in
Baufacharbeiter/in	Zahnarzt/Zahnärztin
Umweltberater/in	Busfahrer/in

Berufsfelder

① Natur   ② Ernährung   ③ Gastgewerbe   ④ Auto   ⑤ Elektroberufe   ⑥ Bauwesen   ⑦ Körperpflege

⑧ Verkauf   ⑨ Kaufm. Berufe   ⑩ Verkehr   ⑪ Computer   ⑫ Sprache, Kunst   ⑬ Gesundheit

Berufsfeld	Berufe
1	Landwirt/in
2	Metzger/in

⑭ Unterricht

Berufsfelder aus: *Wegweiser zur Berufswahl* von Schmid & Barmettler, Berufswahlpraxis, 8180 Bülach/Schweiz.

Tipp: Wenn es z. B. in deinem Traumberuf keine Stellen gibt, kannst du im entsprechenden Berufsfeld eine Reihe von Berufen finden, die dich vielleicht auch interessieren.

B

2 Ergänze die Buchtitel und teste dein literarisches Wissen. Wie viele Buchtitel und Autoren kannst du zuordnen? Du kannst auch mit einem Lexikon arbeiten.

① Das Bildnis d_es_ Dorian Gray
② Der Besuch d__ alten Dame
③ D__ Kaisers neue Kleider
④ Der Herr d__ Ringe
⑤ Der Name d__ Rose
⑥ Das Leben d__ Galilei
⑦ Die Abenteuer d__ Huckleberry Finn
⑧ Der Ruf d__ Wildnis
⑨ Die Leiden d__ jungen Werther

ⓐ Mark Twain
ⓑ Bertolt Brecht
ⓒ Johann Wolfgang von Goethe
ⓓ Oscar Wilde
ⓔ Hans Christian Andersen
ⓕ Jack London
ⓖ John Ronald Reuel Tolkien
ⓗ Friedrich Dürrenmatt
ⓘ Umberto Eco

3 Amadeus hat Probleme! Ergänze die Sätze mit den Verwandtschaftsbezeichnungen.

Cousin · Tante · Großmutter · Onkel · Schwester

a Die Mutter mein_es_ Vaters ist mein__ _____.
b Der Sohn mein__ Tante ist mein__ _____.
c Die Tochter mein__ Eltern ist mein__ _____.
d Der Bruder mein__ Mutter ist mein__ _____.
e Die Frau mein__ Onkels ist mein__ _____.

Der Mann meiner Mutter ist der Sohn meines ...

4 Was gehört zu wem? Ergänze die Sätze mit den Namen der Personen im Genitiv.

a _Udo Lindenbergs_ Lieder werden noch oft im Radio gespielt.
b _____ Opern zählen zu den berühmtesten.
c _____ Filme zeigen immer viel Action.
d _____ Bilder kosten heute Millionen.
e _____ Romane werden auf der ganzen Welt gelesen.
f _____ Tagebuch ist immer noch ein Bestseller.

Arnold Schwarzenegger · Michael Ende · Verdi · Picasso · Anne Frank · Udo Lindenberg

Anne Frank

Udo Lindenberg

Michael Ende

C

5 **Was Schüler vom Beruf erwarten.**
In einer Umfrage haben Jugendliche gesagt, was für sie bei einem Beruf wichtig ist. Was, glaubst du, haben sie geantwortet? Schreibe zuerst die Begriffe in die Statistik. (Lösung s. unten)
Fülle danach den Fragebogen für dich selbst aus.

selbständiges Arbeiten · Vorankommen · ~~gute Kollegen/Vorgesetzte~~ · anderen helfen · gut verdienen · Umgang mit Menschen · angenehmes Leben · hohes Ansehen · interessante Arbeit · saubere Arbeit · ~~sicheren Arbeitsplatz~~

Was Schüler vom Beruf erwarten

Von je 100 Schülern der 9. Klassen hielten für wichtig:

Sicheren Arbeitsplatz	86
Gute Kollegen / Vorgesetzte	78
_____	54
_____	48
_____	41
_____	34
_____	33
_____	23
_____	20
_____	7
_____	3

Summe über 100 wegen Mehrfachnennungen

Meine Erwartungen an den Beruf

Ich möchte ...

❏ ein gutes Einkommen.

❏ gute Aufstiegsmöglichkeiten haben und beruflich weiterkommen.

❏ einen sicheren Arbeitsplatz.

❏ in der Öffentlichkeit Prestige besitzen.

❏ einen angenehmen Arbeitsplatz (Arbeitgeber/Kollegen).

❏ viel Selbständigkeit und Verantwortung.

❏ am jetzigen Wohnort lernen und arbeiten.

❏ eine kurze Ausbildung machen.

❏ eine anspruchsvolle Ausbildung machen.

❏ viel Abwechslung.

❏ keine großen Probleme haben.

❏ später die Möglichkeit haben, Teilzeit zu arbeiten oder meine Berufstätigkeit einige Jahre zu unterbrechen.

❏ mit Menschen zu tun haben.

❏ den Mitmenschen nützlich sein.

❏ _____

---

 6 **Jan muss zu einem Bewerbungsgespräch. Er bereitet sich mit der „Checkliste für Bewerbungsgespräche" vor. Nach dem Gespräch hat er aber ein schlechtes Gefühl. Warum? Lies die Checkliste auf Seite 35 und höre dann den Anfang des Gesprächs. Was hat Jan falsch gemacht? Markiere auf der Checkliste und schreibe die fünf Fehler auf.**

Jans 5 Fehler sind:

1. *Er* _____

2. _____

3. _____

4. _____

5. _____

Lösungen zu Aufgabe 5

Vorankommen	54
angenehmes Leben	48
interessante Arbeit	41
Umgang mit Menschen	34
anderen helfen	33
selbständiges Arbeiten	23
gut verdienen	20
hohes Ansehen	7
saubere Arbeit	3

Checkliste für Bewerbungsgespräche

☑ **Informiere dich** vorher über den Betrieb. Was wird gemacht, wie groß ist er, was für Abteilungen gibt es und welche Abteilungen interessieren dich am meisten? Warum möchtest du in diesem Betrieb eine Lehre machen?

☑ **Voraussetzung** ist, dass du über den Beruf gut orientiert bist, sonst brauchst du nicht hinzugehen. Auch solltest du begründen können, warum du gerade diesen Beruf gewählt hast.

☑ **Notiere** dir auch ein paar Fragen an den Lehrmeister, z. B. über den Tätigkeitsbereich der Firma, die Ausbildung, die verschiedenen Arbeitsplätze der Lehrlinge im Betrieb, aber auch über deinen zukünftigen Beruf. Stelle die Frage nach dem Lohn nicht am Anfang des Gespräches, aber vergiss sie nicht.

☑ Nimm deine **Zeugnisse** mit, wenn möglich, Kopien, denn die Originale könnten dir plötzlich fehlen oder verloren gehen. Vielleicht hast du noch ein paar Schulhefte und Freizeitarbeiten, die du dem Lehrmeister zeigen kannst; nimm sie mit!

☑ Kommen deine Mutter oder dein Vater mit, **vergiss nicht, dass du dich um eine Lehrstelle bewirbst**. Zu lange „Vorträge" deiner Eltern verbessern deine Chancen kaum. Spanne Mutter und Vater vielmehr für deine Vorbereitungen zu Hause ein (z. B. in einem Rollenspiel).

☑ Suche dir vor dem Eintreten in das Lehrmeisterbüro einen günstigen „Parkplatz" für deinen **Kaugummi**!

☑ Mach dich **fünf Minuten** früher als notwendig auf den Weg zum Betrieb, so kommst du sicher nicht zu spät zu diesem wichtigen Gespräch.

Quelle: s. S. 32 unten

7   Lies das Bewerbungsschreiben und ordne die Informationen in einer Tabelle im Heft.

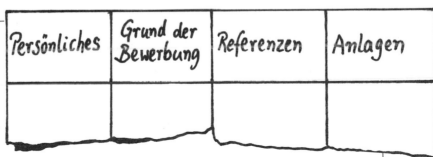

Persönliches	Grund der Bewerbung	Referenzen	Anlagen

Laura Schneider
Cranachstr. 8
90408 Nürnberg
Tel. 09 11/5 63 71

Junge Mode
z.Hd. von Herrn Gerber
Hessestr. 17
90443 Nürnberg

Betreff: Bewerbung um eine Lehrstelle als Verkäuferin

Sehr geehrter Herr Gerber,

ich habe Ihr Inserat in der Zeitung gelesen und da ich sehr an Mode interessiert bin, möchte ich mich für die Lehrstelle als Verkäuferin in Ihrem Geschäft bewerben. Zur Zeit besuche ich die Hauptschule, die ich im Herbst mit dem Abschluss der 9. Klasse verlassen werde.
Weiteres zu meiner Person finden Sie in meinem Lebenslauf.
Im Frühling habe ich in der Boutique Tina ein Praktikum gemacht. Wenn Sie es wünschen, wird Ihnen Frau Wiesner sicher gern Auskunft darüber geben.
Von meinem letzten Zeugnis lege ich Ihnen eine Fotokopie bei.

Ich hoffe, dass Sie meinen Wunsch erfüllen können, und grüße freundlichst

Laura Schneider

Anlagen: Lebenslauf
           Fotokopie Zeugnis

8 Lies die Stellenanzeige und bewirb dich auf diese Stelle. Beachte die folgenden Tipps und mache dir zuerst eine Tabelle wie in Aufgabe 7 auf Seite 35. Schreibe auch deinen Lebenslauf nach dem hier vorgegebenen Beispiel.

Handwerk hat goldenen Boden!
Wer will bei uns **Bäcker/in** lernen?
Wir bieten: eine interessante Lehrstelle
in einem vielseitigen Beruf.
Wir erwarten: Engagement und Freude am Lernen
Bewerbungen an: **Bäckerei Muschelkauz**
Windeckstr. 30 • 68145 Mannheim. • Tel.: 86 21 75

Tipps für Bewerbungsschreiben

☞ sich auf die ersten Kontakte beziehen (Telefon, Inserat usw.)
☞ eigene Bewerbung begründen
☞ Lebenslauf beilegen
☞ Referenzen/Auskunftspersonen nennen
☞ Fotokopien der letzten Zeugnisse beilegen

Lebenslauf

Name: …

Geburtsdatum: …

Geburtsort: …

Vater: …

Mutter: …

Geschwister: …

Schule/Klasse: …

Lieblingsfächer: …

Hobbys: …

Berufswunsch: …

D

9 Welche Teilsätze passen zusammen? Es gibt zum Teil mehrere Lösungsmöglichkeiten.

① Wie heißt der Schauspieler,
② Er hat endlich die Stadt besucht,
③ Ist das die Freundin,
④ Ist das der Mann,
⑤ Das ist die Schriftstellerin,
⑥ Sie hat ihm einen Pullover geschenkt,

ⓐ den er noch nie angezogen hat.
ⓑ deren Buch den ersten Preis gewonnen hat.
ⓒ auf die du gewartet hast?
ⓓ in der er geboren ist.
ⓔ dessen Auto gestern gestohlen wurde?
ⓕ der dieses Jahr den Oscar bekommen hat?

10 Ergänze die Definitionen mit den Relativpronomen und schreibe die Berufsbezeichnungen. Die Silben im Kasten helfen dir.

AL · AR · AR · BAU · BEI · BEI · B̶I̶B̶ · E · ER · FACH · FAH · JOUR · K̶A̶R̶ · LEKT · LER
L̶I̶O̶ · NA · LISTIN · RERIN · RIK · SCHAU · SO · SPIE · TA · TER · TERIN · T̶H̶E̶ · XI · ZI

a B *ibliothekar* _____ : Mann, an _____ man sich wendet, wenn man in der Bücherei Hilfe braucht.

b T _____ : Frau, _____ andere mit dem Auto fährt und dafür Geld bekommt.

c S _____ : Ein Künstler, _____ man in Filmen oder im Theater sehen kann.

d J _____ : Frau, _____ Berichte in der Zeitungen zu lesen sind.

e E _____ : Mann, bei _____ man anruft, wenn das Licht nicht mehr funktioniert.

f S _____ : Frau, _____ Aufgabe es ist, anderen Menschen zu helfen.

g B _____ : Mann, _____ Beruf es ist Häuser zu bauen und _____ das gelernt hat.

11 Schreibe Relativsätze, wie im Beispiel.

Beispiel:

In dieser Stadt bin
ich noch nie
gewesen.

Das ist die Stadt, in der ich noch nie gewesen bin.

a Auf diese Frage kann er bestimmt nicht antworten.
b An diesem Projekt arbeiten wir gerade jetzt.
c Bei dieser Firma habe ich ein Praktikum gemacht.
d Mit diesem Lied hat er einen großen Erfolg gehabt.
e Von dieser Party wird man noch lange sprechen.
f Aus diesem Dorf kommt meine Familie.
g Für dieses Problem gibt es keine Lösung.
h Nach diesem Mädchen schauen sich alle um.

E

**12 Zum Schluss eine „Denkpause".
Lies das Gedicht und fülle die
Selbsteinschätzung unten aus.**

Liselotte Rauner

Denkpause

Als mein Vater
mich zum ersten Mal fragte,
was ich werden will,
sagte ich nach einer kurzen Denkpause:
„Ich möchte glücklich werden."
Da sah mein Vater sehr unglücklich aus,
aber dann bin ich doch was anderes geworden,
und alle waren mit mir zufrieden.

Selbsteinschätzung

++ + 0 + ++

Ich bin lieber im Freien.	❑ ❑ ❑ ❑ ❑	Ich bin lieber in Räumen.
Ich bin lieber bald da – bald dort.	❑ ❑ ❑ ❑ ❑	Ich bin lieber am gleichen Ort.
Ich bevorzuge harte Materialien.	❑ ❑ ❑ ❑ ❑	Ich bevorzuge weiche Materialien.
Ich bevorzuge den Umgang mit Menschen.	❑ ❑ ❑ ❑ ❑	Ich bevorzuge den Umgang mit Sachen.
Ich bevorzuge den Umgang mit Tieren.	❑ ❑ ❑ ❑ ❑	Ich bevorzuge den Umgang mit Pflanzen.
Ich bevorzuge wechselnde Kontakte.	❑ ❑ ❑ ❑ ❑	Ich bevorzuge intensive Kontakte.
Ich schätze mich extrovertiert ein.	❑ ❑ ❑ ❑ ❑	Ich schätze mich introvertiert ein.
Ich bin technisch interessiert.	❑ ❑ ❑ ❑ ❑	Ich bin künstlerisch interessiert.
Ich arbeite lieber großzügig.	❑ ❑ ❑ ❑ ❑	Ich arbeite lieber genau.
Ich habe eine robuste Gesundheit.	❑ ❑ ❑ ❑ ❑	Ich habe eine schwache Gesundheit.
Ich gehe gern in die Schule.	❑ ❑ ❑ ❑ ❑	Ich gehe ungern in die Schule.
Ich bevorzuge den Umgang mit Zahlen.	❑ ❑ ❑ ❑ ❑	Ich bevorzuge den Umgang mit Sprache.
Ich brauche viel Bewegung.	❑ ❑ ❑ ❑ ❑	Ich brauche wenig Bewegung.
Ich arbeite lieber mit den Händen.	❑ ❑ ❑ ❑ ❑	Ich arbeite lieber mit dem Kopf.

Quelle: s. S. 32 unten.

Eigene Vorschläge:

_____ ❑ ❑ ❑ ❑ ❑ _____

_____ ❑ ❑ ❑ ❑ ❑ _____

13 Überlege: Für welche Entscheidungen musstest du lange nachdenken? Warum?

A

1 **Hier sind drei Angebote für Aktivreisen aus dem Katalog eines Reiseveranstalters für Studenten. Lies die Texte und mache eine Tabelle im Heft. Welche Lesestrategie setzt du ein?**

❑ Express-Strategie
❑ Schnüffel-Strategie
❑ Detektiv-Strategie

	Anreise	Aktivitäten	Unterkunft
Text 1	Bahn	Kajak- und Kanufahren	Bungalows

Text 1

SÜDFRANKREICH

Ihr seid eine Gruppe, die auf Abenteuer, Action und Natur steht.
Die Ardèche bietet euch alles, was das Herz begehrt. Per Kajak entdeckt ihr die eindrücklichen Schluchten der Ardèche, die zerklüfteten Felswände versprechen heiße Kletterpartien. Beim Höhlenforschen taucht ihr in andere Welten ein, kühl, dunkel und geheimnisvoll.

ANREISE UND UNTERKUNFT
Hin- und Rückreise mit der Bahn. Das Feriendorf liegt bei Les Vans, an den Ufern des Chassezacs. Ihr übernachtet in Bungalows mit 5 bis 6 Schlafplätzen, einer Wohn- und Kochecke sowie einem Badezimmer. (Unterkunft im Juli/August auf Anfrage.)

PROGRAMM
Das Feriendorf liegt ideal und ist Ausgangspunkt für diverse Aktivitäten in der freien Natur. Die beiden Flüsse Ardèche und Chassezac eignen sich zum Kajak- und Kanufahren; der ‚Wald von Paiolive‘, ein Wirrwarr aus zerklüfteten, vom Wasser ausgehöhlten Felsen, bietet alles zum Klettern und Höhlenforschen. Alle Ausflüge werden von professionellen Monitoren/innen begleitet. Weiter könnt ihr biken, Bogen schießen, Volleyball oder Tischtennis spielen.

Text 2

HOLLAND MIT WOHNBOOT ODER SEGELSCHIFF

Mit dem Wohn- oder Segelboot werdet ihr auf den zahllosen Wasserstraßen, auf dem Ijsselmeer oder der Wattensee fahren. Unterwegs macht ihr Halt, wo es euch gerade gefällt, ankert und entdeckt einen neuen Flecken Hollands. Es bleibt euch viel Zeit zum Zusammensitzen, zum Singen und zum Plaudern.

ANREISE UND UNTERKUNFT
Bahnfahrt mit dem Nachtzug. In Amsterdam wartet das Wohnboot oder Segelschiff auf euch. Es ist euer Zuhause für die nächsten fünf Tage. An Bord befinden sich Zwei- und Mehrbettkabinen, Dusche und WC auf dem Gang, eine Küche, ein Aufenthaltsraum und ein Sonnendeck.

PROGRAMM
Ihr werdet eure Reiseroute zusammen mit der erfahrenen Besatzung je nach Wetterlage selbst bestimmen: Mit dem Motorschiff ist es möglich, die Provinzen Nord- und Südholland, Friesland oder die ehemaligen Handelsstädte an den Ufern des Ijsselmeers zu entdecken. Auf dem Segelschiff setzt ihr die Segel für abenteuerliche Fahrten über die Wattensee, das Ijsselmeer oder die Seen Frieslands. Eure Mithilfe wird erwartet, beim Anlegen im Hafen ebenso wie beim Kochen.

Text 3

FINNLAND IM WINTER

Sommer, Sonne, dolce far niente – alles schon gehabt! Ihr möchtet wirklich etwas „Verrücktes"; eine Reise zum Polarkreis, in den Norden Finnlands, in das Land des Weihnachtsmannes. Mit etwas Glück seht ihr die Nordlichter geheimnisvoll in allen Farben am Horizont leuchten.

ANREISE UND UNTERKUNFT
Linienflug mit Finnair via Helsinki nach Rovaniemi, Bustransfer nach Loma-Vietonen im Seengebiet Lapplands. Unterkunft in gemütlichen Blockhütten, Doppelzimmer mit Dusche/WC.

PROGRAMM
Möchtet ihr mit Hundeschlitten oder Langlaufskiern durch die tief verschneiten Winterlandschaften gleiten, den Rentierführerschein machen, das Eisfischen ausprobieren oder eine Rallye mit Motorschlitten bestreiten? Loma-Vietonen ist ein traumhafter Ferienort an einem der größten Binnenseen Finnlands und ist dafür genau der richtige Ausgangspunkt. Zum Ferienort gehören natürlich auch die berühmten Saunas: Das Abkühlen im eiskalten See oder Schnee ist garantiert!

B

2 In den Texten von Aufgabe 1 werden viele Verben als Nomen gebraucht. Kannst du sie finden?

Text 1: beim _Höhlenforschen_, zum _____ und _____, zum _____.

Text 2: zum _____, zum _____ und zum _____,

beim _____, beim _____.

Text 3: das _____, das _____.

3 Verbote und Warnungen werden sehr oft durch nominalisierte Verben ausgedrückt. Schreibe die folgenden Verbote so um, dass die Nomen wieder als Verben benutzt werden, wie im Beispiel.

Das Zelten ist nur auf Campingplätzen erlaubt. _Man darf nur auf Campingplätzen zelten._

a Das Baden im Fluss kann gefährlich sein. **b** Das Fotografieren im Museum ist nicht erlaubt.
c Das Eislaufen auf dem See ist verboten. **d** Das Rauchen in der Schule ist verboten.

4 Schreibe die Sätze so um, dass die nominalisierten Verben als Verben verwendet werden.

Beim Wandern singen wir fast immer. _Wir singen fast immer, wenn wir wandern._

a Zum Einkaufen benutze ich mein Fahrrad. **b** Er hat immer ein wenig Angst beim Fliegen. **c** Zum Reisen benutze ich den Zug. **d** Beim Übernachten in Jugendherbergen gibt man weniger Geld aus.

C

5 Udo und Claudia kommen gerade im Hotel an. Ergänze den Dialog. Kontrolliere mit der Kassette.

● Guten Tag. Ich habe ein Z_____ r_____ lassen.

○ Auf welchen N_____, bitte?

● Reinhardt. Udo Reinhardt.

○ Sie haben für zwei P_____ _____?

● Ja, das stimmt. Für meine Freundin und _____.

○ Darf ich den N_____ Ihrer F_____ auch haben?

● Claudia Hoch. Brauchen Sie ihren P_____?

○ Nein, das ist nicht nötig. Sie bleiben eine W_____?

● Ja, bis zum n_____ Sonntag.

○ Gut. Hier haben Sie noch einen Hotelprospekt, einen

Stadt_____ und einige Ans_____.

● Ah, die sind aber schön, wie aus dem 19. J_____.

Da werden sich unsere F_____ bestimmt darüber f_____.

○ Hier ist noch Ihr S_____. Das Zimmer ist im 2. _____. Ich w_____ Ihnen

einen angenehmen A_____ in unserem Hotel.

LUGANO

HOTEL GARNI WALTER

6 Im Laufe der Woche besichtigen Udo und Claudia bei herrlichem Wetter die Stadt und müssen einige Sachen erledigen. Wo sind sie gewesen? Lies den Hotelprospekt und höre dann die Dialoge.

HOTEL WALTER AU LAC – LUGANO

Dank seiner bevorzugten Lage im Stadtzentrum und direkt auf der Seepromenade genießt und besitzt das hundertjährige HOTEL WALTER unzählige Vorteile. Es befindet sich in der Nähe der Fußgängerzone. Alle Infrastrukturen sind in unmittelbarer Nähe: die Standseilbahn zum Bahnhof, die Parkhäuser, die Schiffanlegestelle, die Post, Banken, Läden, das Theater, Kinos, Museen, der Stadtpark, das Stadthaus, das Kongresshaus und die elegante via Nassa. Die 43 renovierten Zimmer blicken auf den See und verfügen über jeglichen Komfort: Bad oder Dusche, Haartrockner, Telefon, Radio, Fernseher. Die Bar liegt im Erdgeschoss, während das Panoramarestaurant sich im ersten Stock befindet. Es wünscht nicht nur „Guten Tag" mit seinem reichhaltigen Frühstücksbuffet, sondern funktioniert auch mit einem ausgezeichneten Restaurant-Service.

① *Auf der Bank*   ② ...   ③ ...   ④ ...   ⑤ ...   ⑥ ...

7 Was haben sie an den sechs Orten gemacht?

1) Auf der Bank haben sie Geld gewechselt.

8 Die beiden schreiben auch an ihre Freunde. Sie beschreiben die Lage des Hotels, das Wetter und was sie im Anschluss an 2, 3 und 5 aus Aufgabe 7 gemacht haben. Wie könnte der Text aussehen? Schreibe ihn ins Heft.

D

 9 Wir haben die folgende Statistik vier Jugendlichen gezeigt und gefragt, ob sie sich vorstellen können, warum so viele Leute in diesen Ländern Ferien machen. Höre ihre Antworten. Finde heraus, welches Land sie jeweils meinen.

Die beliebtesten Reiseziele der Welt

	Mexiko	USA		Spanien	Frankreich	Grossbritanien	Deutschland	Italien	Österreich	Ungarn		China
Millionen	17	46		41	61	19	15	26	18	23		18
Rang 1985	3	9		2	1	7	5	4	6	11		12
Rang 1992	2	8		3	1	7	10	4	6	5		9
Rang 1993	2	9		3	1	6	10	4	7	5		8

1. *Frankreich*
2. _____
3. _____
4. _____
5. _____
6. _____
7. _____
8. _____

Quelle: WTO 1994, in Travel Inside Nr. 20, 1994. Grafik: Urs Benz

F

10 Verben mit Präpositionen. Ergänze die Präpositionen und schreibe Fragen mit wo-.

a denken *an* — Woran denkt ____ ihr?

b sich interessieren _____ — W_____ _____ er sich?

c sich ärgern _____ — W_____ _____ du dich?

d träumen _____ — W_____ _____ viele Mädchen?

e warten _____ — W_____ _____ wir?

f vorbeigehen _____ — W_____ _____ man _____?

g verbinden _____ — W_____ _____ man die Sätze?

h lachen _____ — W_____ _____ Rita?

i hoffen _____ — W_____ _____ dein Vater noch?

j sich erinnern _____ — W_____ _____ er sich nicht?

k sich handeln _____ — W_____ _____ es sich?

l sich entschließen _____ — W_____ _____ ihr euch?

11 Wie heißen die passenden Pronominaladverbien zu den Fragen in Aufgabe 10?

a) woran? – daran; b) wofür? – ...

12 Sachen oder Personen? Setze die Präposition ein und schreibe Fragen, wie im Beispiel.

a Sie sprechen _____ den Touristen. — *Mit wem sprechen sie?*

b Sie ist _____ dieser Lösung einverstanden. — _____

c Ich freue mich _____ das Geschenk. — _____

d Er hat mich _____ einen Rat gebeten. — _____

e Wir ärgern uns _____ unsere Freunde. — _____

f Die Kinder warten _____ den Bus. — _____

g Sie fragen die ganze Zeit _____ dir. — _____

h Wir nehmen _____ dem Ausflug teil. — _____

13 Nach Grund und Zweck fragen. Schreibe Antworten mit um ... zu zu den Fragen a–g ins Heft. Die folgenden Ausdrücke helfen dir.

Ferien planen · gesund bleiben · Zimmer reservieren · in den Bergen wandern · sich ausruhen · Sprachkenntnisse verbessern · Text übersetzen

a Warum rufst du das Hotel an? b Wozu brauchst du einen Reiseführer? c Warum fahren die Leute in die Ferien? d Aus welchem Grund besuchst du diesen Kurs? e Wozu braucht ihr diese schweren Schuhe? f Warum benutzen sie ein Wörterbuch? g Zu welchem Zweck machst du Gymnastik?

a) Um ein Zimmer zu reservieren.

B

Rund um den Käse

Seit vielen Jahren wird Schweizer Käse ins Ausland exportiert und obwohl er teurer ist als vergleichbarer Käse aus anderen Ländern, wird er gekauft, weil er ganz besonders schmeckt. Warum hat er dieses spezielle Aroma? Die Gründe sind ganz einfach. In der Schweiz ist die Herstellung von Käse in den Dorfkäsereien beibehalten worden. Und der Käse wird aus Rohmilch, also aus frischer Milch, hergestellt und nicht aus pasteurisierter Milch.

Der berühmteste Schweizer Käse ist der Emmentaler. Seinen Namen hat er von der Region, aus der er stammt, dem Emmental. Typisch für diesen Käse sind die großen Löcher. Hast du schon einmal überlegt, wie die Löcher entstehen?

1   **Betrachte die Bilder, lies den Text unten und bringe dann die Bilder in die richtige Reihenfolge. Der Wörterkasten auf Seite 43 hilft dir.**

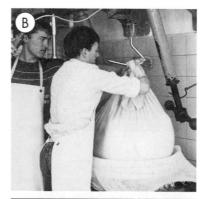

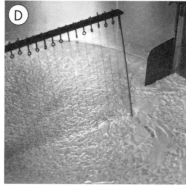
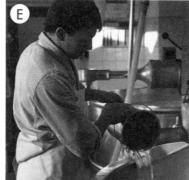

1 Frühmorgens bringen die Bauern die frische Milch in die Käserei. Hier wird sie geprüft, gewogen und langsam auf 32 °C erhitzt.

2 Wenn die Milch 32 °C erreicht hat, werden Labsäure und Milchsäurebakterien dazugegeben.

3 Nach rund 30 Minuten ist die Milch dick geworden. Mit der Käseharfe wird die Milch gerührt. Das Wasser wird entzogen und es entstehen kleine Käsekörner. Das Gemisch wird nun auf 52 °C erhitzt. Die Käsekörner werden kleiner und es wird noch einmal Wasser entzogen.

4 Nach ungefähr 2 Stunden werden die Käsekörner mit dem Käsetuch herausgeholt. Diese Masse wird ungefähr 20 Stunden lang gepresst. Es entstehen die „Käselaibe".

5 Am anderen Morgen werden die frischen Käselaibe in den Keller gebracht und sie werden gesalzen. Der Käse gibt Flüssigkeit ab und nimmt Salz auf. Dadurch bildet sich die Rinde.

6 Der Emmentaler wird anschließend zuerst bei 18–20 °C und dann bei 20–23 °C gelagert, durch die Gase der Bakterien entstehen die Löcher. Wenn der Käse mindestens 3¹/₂ Monate alt ist, wird er in der Käserei abgeholt und verkauft.

Wörterkasten

die Käserei:	hier wird aus der Milch Käse gemacht
prüfen:	testen
pressen:	stark drücken
Käselaib:	
wiegen:	ein Käselaib wiegt etwa 10 Kilo

Wasser entziehen:	Wasser herausnehmen/ wegnehmen
Flüssigkeit:	z. B. Wasser, Wein, Milch, Saft
die Rinde:	Käse und Brot, aber auch Bäume haben außen eine Rinde
das Loch:	

C

2 Zeichenschule: Lies die Beschreibung, zeichne die fünf Gesichter und vergleiche mit der Lösung.

  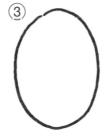  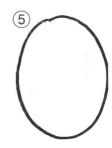

1 Bei den ersten drei Gesichtern wird zuerst in die Mitte eine runde, dicke Nase gezeichnet. Dann werden zwei Punkte für die Augen gezeichnet. Bei einem fröhlichen Gesicht wird der Mund mit einer nach unten gebogenen Linie gezeichnet: Die Augenbrauen werden so gezeichnet: .

2 Jetzt zeichne ein trauriges Gesicht. Die Linie der Augen wird diesmal nach unten gezeichnet . Die Augenbrauen werden auch leicht nach unten gebogen . Der Mund wird mit einer nach oben gebogenen Linie gezeichnet .

3 Und nun zeichne ein Gesicht mit einem gemeinen Gesichtsausdruck. Zuerst werden die Augen gezeichnet, dann werden die Augenbrauen schräg nach unten gezeichnet . Das Lachen wirkt verschmitzt, wenn der Mund nur nach einer Seite gezeichnet wird:

4 Zeichne diesmal eine lange dicke Nase in die Mitte . Dazu werden die Augen gezeichnet. Die Augenbrauen wie bei Gesicht 2. Der Mund ist eine kurze, gebogene Linie .

5 Und als Letztes wird ein träumendes Gesicht mit einer spitzen, langen Nase gezeichnet. Sicher hast du gemerkt, dass besonders Mund und Augenbrauen Ausdruck ins Gesicht bringen!

Lösung: 5. 4. 3. 2. 1.

43

3 Frikadellen leicht gemacht.
Lies die Zutatenliste und
ergänze das Rezept.

Du brauchst eine große Schüssel
und eine Bratpfanne.
Zutaten:
400 g Hackfleisch
(halb Rind-, halb Schweinefleisch)
1 altes Brötchen
1 kleine Zwiebel
1 Ei
Salz / Pfeffer
20 g Mehl
50 g Fett

Zuerst <u>wird</u> das Hackfleisch in eine Schüssel gegeben.
Dann muss <u>man</u> ein altes Brötchen in Wasser einweichen
und gut ausdrücken. Jetzt noch eine Zwiebel in Würfel
schneiden. Das Ganze _____, zusammen mit einem
Ei, gut mit dem Fleisch verrührt. Nun würzt _____ mit
Pfeffer und Salz. Aus dem Fleischteig _____ flache
Klöße geformt und von beiden Seiten in Mehl gewälzt. Jetzt
_____ die Frikadellen zuerst heiß und danach bei
mittlerer Hitze etwa 10 Minuten gebraten.

4 Rätsel: Wer/was bin ich?

Ich werde bestellt.	Ich werde gekauft.	Ich werde oft gebraucht.
Ich werde serviert.	Ich werde geöffnet.	Ich werde in der Schule gebraucht.
Ich werde gegessen.	Ich werde entleert.	Ich werde voll geschrieben.
Ich werde bezahlt.	Ich werde oft zurückgebracht.	Ich werde sauber gemacht.

5 Kannst du ähnliche Rätsel für deine Mitschüler/innen schreiben?

6 Wie ist es heute und wie war es früher in der Schule? Schreibe Sätze wie im Beispiel.

a Heute lernt man zwei oder drei Fremdsprachen. (selten)

Früher wurden selten Fremdsprachen gelernt.

b Heute organisiert man in den Schulen oft einen Klassenaustausch. Früher wurde … (nie)
c Heute arbeitet man viel mit dem Computer. Früher … (wenig)
d Heute liest man im Deutschunterricht auch interessante Zeitungstexte. Früher … (nie)
e Heute besuchen viele Jugendliche in den Ferien Sprachkurse. Früher … (selten)
f Heute arbeitet man oft in Gruppen. Früher … (fast nie)
g Heute kann man viele Texte von der Kassette hören. Früher … (keine)

7 Ergänze die Sätze a–j mit den jeweils passenden Verben im Kasten im Passiv Perfekt.

a Das Praktikum ist nach zwei Wochen …

a) Das Praktikum ist nach zwei Wochen abgebrochen worden.

b Die Frikadellen sind hart. Sie sind zu lange …
c Der Käse ist zu scharf: Er ist zu stark …
d „Du bist schon da?" „Ich bin nach Hause …"
e Die Erdbeeren schmecken gut. Sie sind heute …
f Dieser Käse schmeckt prima. Er ist dreieinhalb Monate …
g Das Gedicht „Traum-Land" ist von Lutz Rohrmann …
h Eine neue Computermaus ist für Behinderte …
i Der Text ist jetzt fehlerfrei. Er ist schon dreimal …
j Bei der Mathearbeit sind viele Aufgaben von den Schülern nicht …

lösen	lagern
~~abbrechen~~	korrigieren
bringen	erfinden
braten	schreiben
pflücken	salzen

Lösung Aufgabe 4
das Essen, die Dose, die Tafel

E

8 Adjektive mit Suffixen. Ergänze die fehlenden Adjektive im Text.

a Obst und Gemüse sind v <u>itamin</u> reich, aber kalorie_____m, während Süßigkeiten

k_____h, aber v_____m sind.

b Mineralwasser ist sehr gesund, weil es k_____arm und alkohol_____ ist.

c Viele junge Menschen sind a_____os und wissen nicht, wie sie den Tag sinn_____

verbringen sollen.

d Es gibt heute kleine trag_____e Kassettenrecorder von guter Qualität.

e Ich bin in ein Pop-Konzert gegangen, der Eintritt war für mich k_____los, weil ich die

Eintrittskarte bei einem Wettbewerb gewonnen habe.

f Da heute schul_____ ist, können wir ins Schwimmbad gehen. Es wird bestimmt nicht

regnen, der Himmel ist ja w_____los.

g Wie herrlich war es gestern! Wir hatten seit langem keinen so stress_____ Tag.

h Die Erklärung war so kompliziert, dass sie unbrauch_____ war.

i Auf der Reise hatten wir einige Probleme, weil wir kein trink_____s Wasser fanden.

9 Wie heißt das zusammengesetzte Wort? Die Silben im Kasten helfen dir.

a Hält Kaffee und Tee warm.
b Darin werden Babys gefahren.
c Gut für die Finger im Winter.
d Man hat sie an, wenn man in die Berge geht.
e Die Frauen tragen sie oft, die Männer tragen oft nur einen.
f Raucher brauchen sie.
g Sie wird heute oft durch den Computer ersetzt.
h Man kann mit ihr bei Dunkelheit sehen.
i Man trägt sie nur zu Hause.

Kin-	-ma-	-rin-	-lam-	-schen-
-schu-	-gen	Ta-	-höl	-ge
-zer	-schi	Haus-	Wan-	-schu-
Ohr-	-der-	-mos-	-kan-	-he
Schreib-	Ther-	-pe		Hand-
Streich-	-der-	-schu-	-ne	-he
	-wa-	-ne	-he	

10 Ergänze die Sätze mit *schreiben* oder *nehmen* und der jeweils passenden Vorsilbe.
Kontrolliere mit dem Wörterbuch.

ab- · · auf- · · mit- · · be- · · weiter- · · ver-   +   nehmen · schreiben

a Sprich langsamer, ich will die Adresse <u>aufschreiben</u> .

b Ihr könnt jetzt die Wörter von der Tafel _____.

c ○ Du siehst toll aus! Was hast du denn gemacht? ● Ich habe vier Kilo _____.

d Sie hat alle Hits von Michael Jackson auf Kassette _____.

e Es hat sehr stark geregnet. Zum Glück hatte ich meinen Regenschirm _____.

f Federica de Cesco _____ In der Erzählung den jungen Heinz sehr genau.

g Der Arzt hat dem Patienten Tabletten gegen die Schmerzen _____.

11 In Aufgabe 10 gibt es zwei untrennbare Verben. Wie heißen sie?

B

1   In Texten über historische Ereignisse gibt es viele Zeitangaben. Markiere im folgenden Text
    Wörter und Satzteile, die etwas über Zeit aussagen.

Im Sommer 1995 verhüllten der Künstler Christo
und seine Frau Jeanne-Claude den Reichstag in
Berlin. Christos Planungen zur Verhüllung des
Reichstags in Berlin hatten schon vor 24 Jahren,
5 also lange vor dem Ende der DDR, begonnen.
Zu dieser Zeit trennte eine Mauer direkt neben
dem Reichstag Westberlin und Ostberlin, das
damals Hauptstadt der DDR war. Die Verhüllung
sollte vom Westen und vom damals kommunisti-
10 schen Osten zu sehen sein. Viele Leute waren

zunächst dagegen, den Reichstag, das Symbol
der deutschen Geschichte, zu verhüllen. Als das
Projekt dann im Sommer 1995 endlich statt-
fand, war die Mauer schon weg und die DDR
15 existierte nicht mehr. Millionen Touristen kamen
in den drei Wochen, die die Aktion dauerte,
nach Berlin, um das verhüllte Gebäude zu
sehen. Am ersten Wochenende waren es allein
700 000 Besucher. Fast alle waren begeistert.

2   Deutsche Geschichte. Ordne die Zeitangaben den Sätzen zu.

① Berlin und Deutschland waren geteilt.   ⓐ seit 1990

② Hitler ließ politische Gegner ermorden.   ⓑ zwischen 1871 und 1914

③ Die Deutschen begannen den 2. Weltkrieg.   ⓒ im Jahre 1919

④ Die Frauen bekamen in Deutschland das Wahlrecht.   ⓓ nach dem Reichstagsbrand

⑤ Deutschland entwickelte sich zu einem Industriestaat. ⓔ am 1. September 1939

⑥ Der Kaiser muss Deutschland verlassen.   ⓕ mehr als 40 Jahre

⑦ Die deutschen Staaten sind vereinigt.   ⓖ 1918, nach dem Ende des 1. Weltkriegs

⑧ Es gab praktisch kein Parlament mehr in Deutschland. ⓗ ab 1933

3   Zeitangaben im Satz. Es gibt zwei Möglichkeiten. Vergleiche:

① Mehr als 40 Jahre waren Berlin und Deutschland geteilt.
Berlin und Deutschland waren mehr als 40 Jahre geteilt.

Schreibe fünf Sätze aus Aufgabe 2 in beiden Formen auf, wie im Beispiel vorgegeben.

_____

_____

_____

_____

_____

_____

4 Geschichte auf Briefmarken – Wie heißen die Personen? Ordne die Texte den Briefmarken zu.

① ☐   ② ☐   ③ ☐   ④ ☐   ⑤ ☐   ⑥ ☐

A In seinem Land (es ist heute ein Bundesland) ist er noch heute eine Legende. Man erinnert sich an ihn aber nicht vor allem als Politiker, sondern als Erbauer von drei „Märchenschlössern". Die Kosten dieser Bauwerke hätten das Land fast ruiniert. Obwohl er ein guter Schwimmer war, ertrank er im Starnberger See. Mord? Selbstmord? Auch sein Tod bleibt mysteriös.

B Schon mit 9 Jahren hatte sie ihre ersten öffentlichen Konzerte. Mit 16 war sie international bekannt. Die Komponistin und Pianistin heiratete mit 21 Jahren einen Komponisten und lebte mit ihrem Mann in Leipzig, Dresden und Düsseldorf. Sie hatte 8 Kinder und musste sich intensiv um ihren Mann kümmern, der sehr krank war. Trotzdem trat sie weiter öffentlich auf. Ihr Bild haben viele Deutsche jeden Tag in der Hand. Es ist auf dem 100-Mark-Schein.

C Er wurde in Trier geboren und war einige Jahre Journalist im Rheinland. Er musste Deutschland aus politischen Gründen verlassen und ging nach London. Weltbekannt wurde der Philosoph durch seine Gesellschaftskritik. Eine philosophische Denkrichtung trägt seinen Namen. Bis 1990 trug auch die Stadt Chemnitz in Sachsen diesen Namen.

D In internationalen Umfragen zeigt sich: Sein Name ist noch immer einer der bekanntesten deutschen Namen. Geboren wurde er allerdings in Österreich. Erst kurz bevor er deutscher Reichskanzler wurde, bekam er die deutsche Staatsbürgerschaft. Während die meisten Politiker erst nach ihrem Tod auf Briefmarken erscheinen, war er nur vor seinem Tod 1945 auf deutschen Briefmarken zu sehen.

E Sie wurden vor allem wegen ihrer Märchensammlung weltbekannt. Weniger bekannt ist, dass sie als Professoren in Göttingen entlassen wurden, weil sie sich für die Freiheit eingesetzt und den König ihres Landes kritisiert hatten. Als Autoren des ersten großen deutschen Wörterbuchs sind sie gleichzeitig Mitbegründer der Wissenschaft der Germanistik.

F Als junger Mann wollte er lieber sein Land verlassen als König werden. Die Literatur, die Musik und die Philosophie interessierten ihn viel mehr. Französisch sprach er besser als Deutsch. Sein Vater, den man den „Soldatenkönig" nannte, schlug ihn brutal und steckte ihn sogar ins Gefängnis. Später wurde er dann selbst bekannt für seine vielen Kriege. Am liebsten lebte er zusammen mit seinen Hunden in Potsdam in seinem Schloss Sanssouci.

5 Politische Vokabeln – ein Quiz.

a Man hat es, wenn man wählen darf
b Eine Versammlung, in der Politiker Gesetze für ein Land machen
c Politische Organisationen von Menschen mit ähnlichen Meinungen
d Die politische Spitze eines Landes (in Deutschland: der Kanzler und seine Minister)

6 Aus dem Lesetagebuch von Daniel Funk.
Die Schüler in Daniels Klasse führen seit der 7. Klasse ein Lesetagebuch. Darin schreiben sie über die Bücher, die sie gerade lesen.

Hier ist die Zusammenfassung Daniels zu einem Buch von Max von der Grün:

„ Max von der Grün beschreibt die Geschichte seiner Jugend und gleichzeitig die Ereignisse im nationalsozialistischen Deutschland von 1933 bis 1945.

5 Der Autor wurde 1926 im Erzgebirge geboren. Am Anfang beschreibt er die Arbeitslosigkeit in den 20er- und 30er-Jahren. Auch sein Vater und seine Mutter waren verzweifelt auf Arbeitssuche.

10 Sein Großvater war gegen die Nazis. Dies konnte er allerdings 15 nicht öffentlich sagen. Seine beiden Onkel waren politisch verschiedener Ansicht. 20 Der eine war in der Sozialdemokratischen Partei, der andere in der NSDAP. Beide waren 25 arbeitslos. Sein Vater war aktiv gegen die Nazis. Er schmuggelte manchmal Zeitungen über die tschechische 30 Grenze. Der Terror der Nazis hatte sich bald auch auf kleine Orte in Deutschland ausgeweitet. Max wurde 1933 einge- 35 schult. In dem Jahr kam Hitler an die Macht. Auf Wunsch seiner Eltern durfte Max nicht in die HJ. Seine Eltern hatten schon früh gesehen, dass das nur eine Vor- 40 bereitung der Jugendlichen auf den Krieg war. Die Ausreden waren „Kein Geld für

eine Uniform" oder „Immer Probleme mit dem Fuß". Später wurde sein Vater dann beim Schmuggeln erwischt und in ein KZ gesteckt. Max musste mit 17 zum Arbeitsdienst. Seine 45 Mutter gab ihm den Rat, sich für alle Schulungen und Kurse freiwillig zu melden, um sich so vor der Front zu drücken. Er meldete sich zu einer Fallschirm- 50 jägerausbildung und später zu einer Ausbildung als Funker. In Frankreich wurde eines Tages die Tür zu seinem 55 Funkwagen aufgestoßen und ein dunkelhäutiger amerikanischer Soldat rief: „Hands up boys. 60 The war is over for you." Später wurde Max als Kriegsgefangener nach Amerika ge- 65 bracht. Er musste dort auf den Feldern arbeiten, aber er bekam Geld 70 dafür. Auch sonst war man in den USA ganz nett zu 75 ihm. Sein Vater war inzwischen aus dem KZ befreit worden, wie ihm seine Mutter schrieb. 1948 ließ man Max auch wieder nach Deutschland. **„** 80

Max von der Grün: Wie war das eigentlich? Kindheit und Jugend im Dritten Reich dtv

Zu dem Text schreibt Daniel:

„Max von der Grün hat ganz ähnliche Dinge erlebt wie mein Großvater. Der wurde auch 1926 geboren. Aber er war als Kind in der HJ. Sein Vater war auch nicht in der NSDAP, aber er hatte deswegen keine Probleme. Im Krieg hat mein Großvater auch eine Ausbildung gemacht. Bei der Marine, er wollte auch nicht an die Front. Später ist er auch von den Amerikanern gefangen genommen worden und war dann drei Jahre in Amerika bis 1948. Es hat mich überrascht, wie unglaublich ähnlich die beiden Geschichten waren."

7 Was ist passiert? Verbinde die Sätze mit *als*.

a Der Vater von Max schmuggelte Zeitungen nach Deutschland. Er wurde erwischt.
b Seine Mutter riet Max, eine Ausbildung zu machen. Er wurde Funker.
c Max lebte als Kriegsgefangener in den USA. Er arbeitete dort in der Landwirtschaft.
d Viele Menschen waren schon lange arbeitslos gewesen. Die Nazis kamen an die Macht.

Beispiel: Als der Vater von Max …, wurde er …

8 Begründungen –
Ergänze die
Aussagen zum Text.

a Weil der Vater von Max beim Schmuggeln erwischt wurde …
b Weil seine Eltern sagten, dass sie kein Geld für eine Uniform hätten, …
c Obwohl sein Großvater gegen die Nazis war, …
d … Deshalb musste er nicht an die Front.
e Der Großvater von Daniel machte eine Ausbildung bei der Marine, weil …

9 Aussagen über
einen Text machen –
Schreibe ganze Sätze
aus den Stichworten.

a Familie · verschiedene politische Meinungen
b 20er- und 30-Jahre · Arbeitslosigkeit
c Eltern · Max · HJ · Ausreden
d Max · Soldat · Kriegsgefangener
e Nach dem Krieg · Vater · Max

D

10 Zeitangaben mit *als*. Schreibe Antworten, wie in den Beispielen vorgegeben.

a Wann warst du im Kindergarten?

> Als ich 5 war.
> Als ich Weihnachtsferien hatte.

b Wann warst du zuletzt bei deinen Großeltern?

c Wann hast du schwimmen gelernt?
d Wann hast du die Schule zum ersten Mal gewechselt?
e Wann hast du angefangen, Deutsch zu lernen?
f Wann hast du das letzte Mal einen Brief geschrieben?
g Wann bist du in die erste Klasse gekommen?
h Wann hast du zuletzt deinen Freund/deine Freundin besucht?
i Wann warst du zuletzt beim Arzt?

11 Diese Verben findest du im Kursbuch auf den Seiten 63–65. Sie wurden in den Texten über Geschichte oft im Passiv gebraucht. Verwende sie in den Sätzen a–e.

aufbauen · zerstören · teilen · gründen · regieren

a Im Krieg: die großen deutschen Städte
b Nach dem Krieg: Häuser und Fabriken
c 1949: die DDR und die Bundesrepublik Deutschland
d 1945: Deutschland in vier Zonen
e Zwischen 1939 und 1945: Deutschland von den Nazis

a, Im Krieg wurden ...

 12 Dreimal *lassen* – Höre und lies die Dialoge. Welche Bedeutung hat das Verb *lassen* in diesen Dialogen? Bedeutung 1, 2 oder 3?

> **1** organisieren, dass etwas getan wird
> **2** erlauben/nicht erlauben
> **3** aufhören/etwas nicht tun

a ○ Du musst das Auto reparieren lassen.
    Die Bremsen funktionieren nicht.
    ● Ich weiß, aber ich hatte keine Zeit.
b ○ Lass mich in Ruhe! Ich habe keine Lust auszugehen!
    ● Dann gehe ich eben allein.
c ○ Lass das Rauchen. Es ist schlecht für die Gesundheit.
    ● Ja, ja. Autofahren auch.
d ○ Sag mal, wo lässt du eigentlich deine Haare schneiden?
    ● In der Jordanstraße. Da gibt es einen neuen Friseursalon.
e ○ Komm, lass uns eine Pizza bestellen, ich habe Hunger.
    ● Tut mir leid. Ich bin pleite.

13 Nachdenken über Sprache: Zwei der Bedeutungen von *lassen* findest du im Kursbuch Einheit 10 in den Aufgaben 19–22. Welche?

 14 **Hier ist der Text des Gedichts zu den Aufgaben 22 und 23 im Kursbuch auf Seite 67.**

Bertolt Brecht

Fragen eines lesenden Arbeiters

Wer baute das siebentorige Theben?
In den Büchern stehen die Namen von Königen.
Haben die Könige die Felsbrocken herbeigeschleppt?
Und das mehrmals zerstörte Babylon
Wer baute es so viele Male auf? In welchen Häusern
Des goldstrahlenden Lima wohnten die Bauleute?
Wohin gingen an dem Abend, wo die Chinesische Mauer fertig war
Die Maurer? Das große Rom
Ist voll von Triumphbögen. Wer errichtete sie? Über wen
Triumphierten die Cäsaren? Hatte das vielbesungene Byzanz
Nur Paläste für seine Bewohner? Selbst in dem sagenhaften Atlantis
Brüllten in der Nacht, wo das Meer es verschlang
Die Ersaufenden nach ihren Sklaven.

Der junge Alexander eroberte Indien.
Er allein?
Cäsar schlug die Gallier.
Hatte er nicht wenigstens einen Koch bei sich?
Philipp von Spanien weinte, als seine Flotte
Untergegangen war. Weinte sonst niemand?
Friedrich der Zweite siegte im Siebenjährigen Krieg. Wer
Siegte außer ihm?

Jede Seite ein Sieg.
Wer kochte den Siegesschmaus?
Alle zehn Jahre ein großer Mann.
Wer bezahlte die Spesen?

So viele Berichte.
So viele Fragen.

 15 Heast as nit – Ein Lied aus Österreich. Lies die hochdeutsche Übersetzung und höre dann das Lied.

Hörst du es nicht,
wie die Zeit vergeht …

Gestern noch
haben die Leute ganz anders
geredet …

Die Jungen sind alt geworden
und die Alten sind gestorben …

und gestern ist heute geworden,
und heute ist bald morgen …

16 Höre das Lied noch einmal und vergleiche die hochdeutsche Übersetzung mit dem Originaltext. Was ändert sich bei den Vokalen?

Heast as nit,
wia di zeit fageet,
huidiei jodleiri huidiridi

Gestan no
hom d'leit gaunz aundas gret,

huidiei jodleiriduueiouri

Di jungan san oid woan,
und di oidn san gschtuam,
duliei jodleiridldudieiouri

Und gestan is heit woan,
und heit is boid moang,
hidiei jodleiri huidiridi

Heast as nit,
Heast as nit,
jodleiri
hollareiridiridldoueio hullouri
jodleiridldudieiouri
Heast as nit, wia di zeit fageet,
Heast as nit, wia di zeit fageet, …
hollareiridiri … .

1 Kreuzworträtsel

1 Ein Kind ausländischer Eltern, das in Deutschland geboren ist, bekommt die St... nicht automatisch.

2 Jedes Jahr nehmen etwa 2500 Schweizer Jugendliche daran teil.

3 8,3% der Jugendlichen waren 1995 in Deutschland …

4 Berühmte Schweizer Schokolade.

5 In Deutschland leben fast 1,918 Millionen …

6 Die Wetter-P... für das Wochenende heißt „sonnig und warm".

7 Wenn tausende Menschen zur gleichen Zeit die Grippe haben, spricht man von einer Grippe…

8 Christo und seine Frau haben im Jahr 1995 den … verhüllt.

9 In Deutschland machen viele Schüler der Klasse 8 oder 9 ein vierwöchiges …

10 Name eines berühmten österreichischen Schokoladenkuchens.

11 Wenn man dieses Wort auf der Wetterkarte liest, freut man sich, besonders wenn man freihat.

12 Name einer Stadt in Südtirol, die auf der Wetterkarte vorkommt.

13 Im Jahre 1885 hat D… ein Motorrad gebaut, das 12,5 km in der Stunde fahren konnte.

14 Wenn etwas über das Wetter in der Zeitung steht, dann geht es meistens um U…

15 Um bei einem Text schnell das Thema herauszufinden, wendet man beim Lesen die … -Strategie an.

16 Ein Zeichen des Horoskops.

17 Hauptstadt von Österreich.

Grammatik

2 Ergänze zuerst die Genitivformen in den Sätzen a–f. Schreibe danach a–g neu und mache aus den Nomen Verben.

a Der Beginn d____ Sommerferien ist der 19. Juni. Die Sommerferien beginnen …

b Das Herstellen d____ Schweizer Käses ist schwierig. Es ist schwierig …

c Beim Schreiben ein____ Diktates muss man sich sehr konzentrieren. Wenn man …

d Das Lernen ein____ Sprache braucht viel Zeit, macht aber auch Spaß. Wenn man …

e Das Aufräumen mein____ Zimmers kostet mich immer viel Zeit. Es kostet mich …

f Das Lesen ein____ Buches macht mir immer viel Spaß. Es macht mir Spaß …

g Beim Spazierengehen kommt immer mein Hund mit. Wenn ich …

3 In welchen der Zeitungstexte findest du eines oder mehrere der folgenden grammatischen Themen?

Text	1	2	3	4	5	6	7
Futur							
Passiv							
Konjunktiv II							
Plusquamperfekt							

② **Noch eine Pyramide?**

TOKIO (dpa) – In der ägyptischen Stadt Saqqara, 15 Kilometer südlich von Kairo, gibt es wahrscheinlich Überreste einer bisher unbekannten Pyramide. Japanische Forscher berichteten gestern in Tokio, sie hätten mithilfe von Satellitenaufnahmen dort Grundmauern gefunden. Versuchsgrabungen hätten ein vierseitiges Gemäuer von 50 Meter Länge in Ost-West-Richtung und 17 Meter Länge in Nord-Süd-Richtung ergeben. Es könnten die Grundmauern einer Pyramide sein, vermuten die Wissenschaftler.

Sonntag aktuell 30. 6. 96

① **14-Jähriger mit Note 1 zur Uni**

Oxford – Die Uni Oxford bekommt nächste Woche ihren zweitjüngsten Studenten aller Zeiten – Adam Dent. Der 14-Jährige qualifizierte sich in Chemie, Biologie, Physik und Mathematik – überall Note „1". Die meisten seiner Kommilitonen sind fünf Jahre älter.

Blick 12. 5. 96

③ **Weltrekord! Suhrer Klasse büffelte über 74 Stunden**

SUHR AG – Todmüde stellten sich 15 Schülerinnen und Schüler mit ihrem Lehrer Jürg Hürlimann dem Fotografen: 74 Stunden und 35 Minuten hatten sie letzte Woche nonstop die Schulbank gedrückt. Weltrekord – Eintrag ins „Guiness Buch der Rekorde".

Blick 12. 5. 96

⑥ **46 000 Franken für Pilz bezahlt**

LONDON – Der vermutlich teuerste Schimmelpilz der Welt wurde in England für rund 46 000 Franken versteigert. Der Pilz ist so wertvoll, weil durch seine Sporen der Arzt Alexander Fleming 1928 das Penicillin entdeckt hatte.

Blick 12. 5. 96

④ **Aus für Geigenschule**

BRIENZ BE – Schade! Die einzige Geigenbauschule der Schweiz, in Brienz, wird aus Spargründen auf Ende des Schuljahres 1999/2000 geschlossen.

⑤ **Hundetreff**

ST. GALLEN – Wuff, auf nach St. Gallen! 3213 Hunde aus 18 Ländern bewerben sich an der 10. Internationalen Hundeausstellung in St. Gallen um Titel und Qualifikation. Sie findet am 18./19. Mai in den Messehallen der Olma statt. Gezeigt werden rund 160 Hunderassen.

Blick 12. 5. 96

⑦ **DIE GUTE NACHRICHT**

Ob in Lucky-Can, Dosenpresse oder Container – die Schweizer Bevölkerung hat letztes Jahr freiwillig fast 100 Millionen Aludosen an den Sammelstellen abgegeben! Das heisst, 85% der in der Schweiz verkauften Aludosen sind fachgerecht entsorgt worden. Bravo!
Jetzt macht die Igora-Genossenschaft für Aludosen-Recycling die Alu Entsorgung noch einfacher: Bald steht an den Entsorgungsstellen nur noch *ein* Container für Weiss-, Stahlblech und Aluminium. Das Sortieren der verschiedenen Materialien fällt weg.

Blick 23. 4. 96

4 Relativsätze – Schreibe Sätze, wie im Beispiel vorgegeben.

Beispiel: Der Hund, …, ist ganz jung.

a Er heißt Fido. → a Der Hund, der Fido heißt, ist ganz jung.
b Sein Fell ist schwarz. → b Der Hund, dessen Fell schwarz ist, ist ganz jung.
c Ich habe mit ihm gespielt. → c Der Hund, mit dem ich gespielt habe, ist ganz jung.

1. Das Kleid, …, ist neu.
a Ich hatte es gestern an.
b Es hängt im Schrank.
c Seine Farbe ist Weiß und Rot.
d Meine Mutter hat nicht viel dafür bezahlt.

2. Die Reise, …, war toll.
a Sie ging nach Amerika.
b Ich habe sie mit meinem Bruder gemacht.
c Ich bin gestern zurückgekommen.
d Viele Jugendliche haben teilgenommen.
e Ihr Höhepunkt war der „Grand Canyon."

3. Der Artikel, …, ist interessant.
a Er steht heute in der Zeitung.
b Ich muss über ihn schreiben.
c Sein Inhalt gefällt mir.
d Mein Vater hat sich darüber aufgeregt.

4. Die Leute, …, sind nett.
a Sie wohnen im 2. Stock.
b Wir haben sie getroffen.
c Wir sind ihnen gestern begegnet.
d Wir haben lange mit ihnen gesprochen.
e Wir kennen ihre Kinder.

Lesen

5 Der Schriftsteller Max von der Grün berichtet über das Jahr 1929. Lies den Text. Welcher Text im Kursbuch passt dazu? Finde zwei oder drei Punkte heraus, die die Texte gemeinsam haben.

Wie war das damals eigentlich?

1929

Meine Mutter hatte in der Nähe von Bayreuth eine Stelle als Dienstmagd gefunden, wo ihr vom Dienstherrn gestattet wurde, mich, den Dreijährigen, mit auf den Hof zu nehmen. Mein Vater war auf Wanderschaft (auf der Walz, nannte man das) und klopfte bei Schuhmachern um Arbeit an. Manchmal bekam er auch für ein, zwei oder drei Tage Arbeit, bezahlt wurde jedoch wenig. Meist arbeitete er nur für Essen, Trinken und für eine Schlafstelle. Das Essen wiederum war dürftig genug, schließlich hatten diese Schuhmacher mit eigener Werkstatt selbst nicht viel.

Im Sommer und Herbst wurde es erträglicher, da konnte man in den Wald gehen, Beeren pflücken und sie für ein Spottgeld an Händler verkaufen. Für ein Pfund Blaubeeren wurden drei bis fünf Pfennige, für ein Pfund Preiselbeeren acht bis zwölf Pfennige, für ein Pfund Steinpilze zehn bis zwanzig Pfennige bezahlt. Pilze und Beeren gab es in den Wäldern meiner Heimat reichlich.

Ich wuchs mit den Kindern des Bauern auf, und weil ich ein zusätzlicher Esser war, wurde meiner Mutter ein Teil ihres verdienten Geldes wieder abgezogen. Es war damals noch üblich, dass Dienstboten so etwas wie einen Jahresvertrag hatten, der zwischen Bauer und Dienstboten per Handschlag geschlossen wurde. An eine andere Arbeitsstelle zu wechseln war nur „Mariä Lichtmess", also am 2. Februar jeden Jahres, möglich.

Meine Mutter besaß nur ein Paar Lederschuhe für die Kirche am Sonntag oder für den Tanz im Wirtshaussaal, sonst lief sie das ganze Jahr ohne Strümpfe in Holzschuhen.

Die Arbeit auf dem Hof richtete sich nicht nach der Uhr, sondern nach Sonne und Regen, Sommer und Winter. Sechzehn Stunden am Tag zu arbeiten war, insbesondere in der Erntezeit, nichts Außergewöhnliches. Die Bauern hatten noch keine Traktoren und kaum Maschinen, alle Feldarbeit wurde mit Pferden gemacht. Die Kinder des Bauern, nicht älter als neun Jahre, mussten auf den Feldern, im Stall und im Haus mitarbeiten. Niemand scherte sich um das Verbot von Kinderarbeit. Je mehr Kinder man hatte, desto mehr Arbeitskräfte, die nichts kosteten. *Max von der Grün*

6 Wortschatzhilfen: Zu welcher Zeile passen jeweils die folgenden Wörter und Ausdrücke?

a _____ Hausangestellte **b** _____ Arbeit suchen **c** _____ arm, einfach **d** _____ für wenig Geld **e** _____ mehr als genug **f** _____ groß werden **g** _____ das Geld, das man für seine Arbeit bekommt **h** _____ einen Vertrag durch Händedruck schließen **i** _____ normalerweise, gewöhnlich **j** _____ nicht auf die Uhr schauen, um die Zeit zu messen **k** _____ über das normale Maß hinaus **l** _____ beachten, achten auf **m** _____ die Arbeiter

7 Ordne die Aussagen den fünf Abschnitten des Textes zu.

a ☐ Es gab keinen schriftlichen Arbeitsvertrag und nur an einem bestimmten Datum konnte man eine neue Stelle suchen.

b ☐ Da damals alles Handarbeit war, haben auch die Jüngsten der Familie mitgeholfen.

c ☐ Damals wurde die Arbeit schlecht bezahlt und man musste sie weit weg von zu Hause suchen.

d ☐ Die Frauen trugen nur an Feiertagen echte Schuhe.

e ☐ Von Juli bis Oktober konnte man etwas Geld dazu verdienen.

1 **Auf den beiden nächsten Seiten steht ein Fotoroman. Hier findest du die Bedeutung einiger Redewendungen aus dem Text. Suche die Redewendungen heraus und ergänze sie.**

Bild	Redewendung	Bedeutung
⑤	etwas _____ _____ bringen	→ machen, dass etwas wieder funktioniert
⑤	_____ _____ sein	→ sehr begeistert und überrascht sein
⑥	nicht _____ _____ _____ gehen	→ immer wieder daran denken
⑪	sich _____	→ merken, dass man zusammenpasst
⑫	von _____ _____ sein	→ von Problemen gestört sein
⑫	sich _____ _____	→ keinen guten Kontakt zu jemandem haben
⑬	_____ _____ kommen	→ der Kontakt / eine Freundschaft wird beendet
⑯	etwas _____ _____	→ etwas nicht mehr akzeptieren wollen

2 **In den Einheiten 7 und 12 im Kursbuch werden Berufssituationen angesprochen, die auch im Fotoroman vorkommen. Suche sie heraus und mache im Heft eine Tabelle, wie hier vorgegeben.**

Berufssituation	Kursbuch	Fotoroman
1. Praktikum, Lehre und Ausbildung (S. 41/42)	Daniel macht ein Praktikum als KFZ-Mechaniker Fabian … Renja …	Anna macht eine Lehre als Motorrad-Mechanikerin Florian …

Berufssituationen: Sich selbständig machen (S. 45) · Berufswechsel (S. 75) · Frauen in Männerberufen – Männer in Frauenberufen (S. 75/76)

3 **Verbinde die Sätze mit den Zeitangaben, die du im Fotoroman jeweils als Überschrift über den Bildern findest. Bringe sie in die richtige Reihenfolge und schreibe eine kurze Zusammenfassung der Geschichte. Den letzten Satz kannst du mit „Am Ende …" beginnen.**

Ein Motorradunfall von Anna bringt die beiden wieder zusammen. · Florian weiß nicht genau, wie er sich Anna gegenüber verhalten soll. · Der Chef bietet Anna an, in seinem Geschäft mitzumachen. · Die verschiedenen beruflichen Interessen führen zum Bruch der Freundschaft. · Ein mechanisches Problem erleichtert den beiden den ersten Kontakt. · Beide nehmen die Angebote an, passen aber auf, dass die Berufe sie nicht wieder trennen. · Die beiden merken, dass sie zusammenpassen. · Anna und Florian sehen sich zum ersten Mal und gefallen sich gegenseitig. · Florian hat die Möglichkeit, in Genf eine Spezialausbildung zu machen. · Florian entscheidet sich, Anna in ihrer Werkstatt zu besuchen.

Am Samstagabend vor dem Kino Rex sehen sich Anna und Florian zum ersten Mal und gefallen sich gegenseitig.

FOTOROMAN

LIEBE UND MEHR

Samstagabend vor dem Kino Rex

> Die gefällt mir.

> Hübscher Typ.

(1)

Nach dem Kino

Florian würde Anna gerne ansprechen, traut sich aber nicht. Anna geht es ebenso.

(2)

Florian will abfahren. Doch die Vespa streikt.

> Scheisse was ist los?

(3)

Da kommt seine Traumfrau auf ihn zu.

> Probleme? Lass mich mal sehen!

(4)

Mit wenigen Handgriffen bringt Anna – sie ist Töff-Mech-Stiftin im letzten Lehrjahr – den Motor in Gang. Florian ist ganz weg.

> M...m...merci!

> Falls nicht alles o.k. ist, komm doch vorbei! Ich arbeite bei Lucchinetti an der Lindenstrasse.

(5)

Am nächsten Morgen im Büro

Florian kann sich nicht auf seine Arbeit konzentrieren. Annas Bild geht ihm nicht aus dem Kopf.

> Soll ich sie anrufen??!!!

(6)

Am Abend

Den ganzen Tag hat er nur an sie gedacht. Schliesslich geht er in die Werkstatt.

(7)

Anna sieht ihn nicht sofort. Sie arbeitet intensiv an einer Maschine.

(8)

> Was macht denn dieser Bürotyp hier!

> Hallo, du hier?

(9)

Trotz des blöden Spruchs ihres Kollegen freut sich Anna mächtig, dass Florian gekommen ist. Er wartet auf sie, bis sie mit der Arbeit fertig ist.

(10)

Einige Wochen später

Doch immer wieder überschatten Wolken ihr Glück. Sobald sie von ihrer Arbeit reden, verstehen sie sich nicht.

> Wie kann man sich ausschliesslich für Töffs interessieren???

> Den ganzen Tag auf den Bildschirm glotzen, soll das etwa spannender sein?

Schliesslich kommt es zum definitiven Bruch. Anna und Florian sehen sich nicht mehr.

Später am See

Bei einem romantischen Spaziergang finden sich die beiden. Von jetzt an sind sie ein Paar.

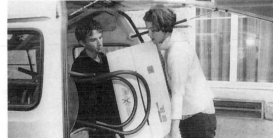

⑪   ⑫   ⑬

Zwei Jahre später

Anna hatte Pech. In einer Kurve ist sie mit dem Töff gestürzt und liegt nun im Spital.

> Wie langweilig! Hoffentlich komm' ich da bald wieder raus!

Doch plötzlich vergisst Anna ihre Langeweile. In der Tür steht nämlich Florian – in einem weissen Pflegerkittel!

> Anna, DU?

Sie erzählen sich was alles in der Zwischenzeit passiert ist. Florian hat den Beruf gewechselt. Er lässt sich zum Krankenpfleger ausbilden.

> Ich hatte das Büro einfach satt.

> Er ist immer noch so hübsch.

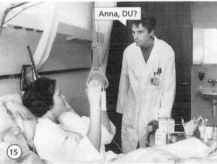 

⑭   ⑮   ⑯

⑰ *Von diesem Zeitpunkt an verbringt Flo seine ganze freie Zeit an Annas Spitalbett. Ihre Liebe ist noch genau so stark wie vor der Trennung. Auch als Anna wieder nach Hause kann, sind sie unzertrennlich. Anna hat inzwischen ihre Lehre fertig, die Arbeit bei Lucchinetti gefällt ihr sehr.*

Kurz nachdem Flo seine Ausbildung abgeschlossen hat, mieten die beiden eine kleine Wohnung.

Doch eines Tages

Florian bietet sich unerwartet eine grosse Chance: Er könnte für eine Spezialausbildung zwei Jahre nach Genf.

> Das fände ich total spannend!

⑱   ⑲

In der gleichen Woche

> Du bist meine beste Mechanikerin!

⑳

Der Werkstattchef schlägt Anna vor, Teilhaberin seines Geschäfts zu werden.

Florian möchte unbedingt nach Genf. Aber Anna will ihre Werkstatt nicht verlassen, sie kann mal dieses Geschäft übernehmen. Es gibt wieder Streit und endlose Diskussionen...

> So eine Chance krieg' ich so rasch nicht mehr!

> Aber es sind doch bloss zwei Jahre.

㉑

Beide haben Angst, es würde so kommen wie beim ersten Mal. Doch diesmal soll der Beruf sie nicht mehr trennen. Florian geht nach Genf, Anna bleibt da. Doch alle freien Tage gehören ihnen beiden, entweder in Genf oder in ihrer kleinen Wohnung.

> Ich habe mich die ganze Woche auf Dich gefreut....

㉒

ENDE

1 Lies den Text und schreibe den letzten Gedanken des Mannes.

Der Mann auf der Insel
Franz Hohler

Es war einmal ein Mann, der lebte auf einer Insel. Eines Tages merkte er, dass die Insel zu zittern begann. „Sollte ich vielleicht etwas tun?", dachte er. Aber dann beschloss er abzuwarten. Wenig später fiel ein Stück seiner Insel ins Meer. Der Mann war beunruhigt. „Sollte ich vielleicht etwas tun?", dachte er. Aber als die Insel zu zittern aufhörte, beschloss er abzuwarten. „Bis jetzt", sagte er sich, „ist ja auch alles gut gegangen." Es dauerte nicht lange, da versank die ganze Insel ins Meer und mit ihr der Mann, der sie bewohnt hatte.

„_____

_____"

war sein letzter Gedanke, bevor er ertrank.

Das schreibt der Autor: „Vielleicht hätte ich doch etwas tun sollen."

Wortschatzkasten: zittern: sich bewegen · beschließen: entscheiden · beunruhigt sein: etwas Angst haben · versinken: im Wasser verschwinden · bevor ≠ nachdem · ertrinken: im Wasser sterben

---

2 Was sagt diese Geschichte deiner Meinung nach? Schreibe einen Satz dazu auf.
Vergleiche mit den anderen in deiner Klasse.

3 „Mund auf statt Augen zu!" – Eine Aktion für die Umwelt.
Mache aus den Satzelementen vollständige Sätze. Es gibt verschiedene Möglichkeiten.

a	Junge Leute wurden aufgerufen …	wenn	– über 200 Jugendliche / mitmachen
b	Sie meinten: Wir schlagen uns selbst k.o. …		– bei der Aktion / mitmachen
c	Maja fragte ihren Bruder …	dass	– sie schon / umweltbewusst sein
d	Die Zeitungen berichteten von der Aktion …		– ein Plakat / entwerfen
e	Philipp und seine Kameraden haben den Auftrag bekommen …	um … zu	– er / einverstanden sein / mitmachen
f	Maja und Daniel haben die „Offenbarung" der Bibel gelesen …	zu	– wir / die Ozonschicht / zerstören
			– das geeignete Zitat / finden
g	Drei Jugendliche haben berichtet …	weil	– für die Umwelt Werbung / machen
h	Sie hofften …		– das Plakat / das Verhalten der Leute / verändern
i	Bei Maja und Daniel hat sich nichts verändert …	ob/zu	

Junge Leute wurden aufgerufen, für die Umwelt Werbung zu machen.

4 Kannst du aus den Sätzen einen Text schreiben? Versuche es.

5 *nicht nur ... sondern auch* – Schreibe die Sätze a–g mit folgenden Elementen im Heft zu Ende.

gewonnen · neue Probleme · schöne Strände · Italienisch, Französisch und Rätoromanisch ·
die Luft verschmutzen · sich dafür einsetzen · Deutsch lernen

a In Italien gibt es nicht nur schöne alte Städte …
b In der Schweiz wird nicht nur Deutsch gesprochen …
c 1996 hat die deutsche Fußballnationalmannschaft an der Europameisterschaft nicht nur
   teilgenommen …
d Der Schwerlastverkehr macht nicht nur Lärm …
e Heute habe ich nicht nur für Mathe gearbeitet …
f Viele Leute sollten nicht nur vom Umweltschutz sprechen …
g Der Tourismus hat in den Alpenregionen nicht nur Wohlstand gebracht …

a) In Italien gibt es nicht nur schöne alte Städte, sondern auch schöne Strände.

6 *einerseits ... andererseits* – Schreibe die Sätze, indem du die Elemente links und rechts verbindest.

einerseits	andererseits
a Auto / komfortabel sein	– schlecht für die Umwelt sein
b Schokoladentorte / gut schmecken	– man / dick werden
c der Tourismus Arbeitsplätze / bringen	– die Natur / zerstört werden
d schnelle Autobahnen / gebaut werden	– Landschaft, Bergdörfer / zerstört werden
e die Fahrgeschwindigkeit / reduziert werden	– schnellere Autos / gebaut werden
f man / mit dem Auto in die Ferien / fahren	– man über starken Verkehr / schimpfen
g man / Müll / vermeiden sollen	– viele Einwegverpackungen / gekauft werden
h viel über Müllentsorgung / geredet werden	– der Müll / oft in die falschen Container / entsorgt werden
i man / Wasser und Energie / sparen wollen	– der Konsum von Wasser und Energie / steigen
j Dosenverkauf / reduziert werden	– über 50 Getränkedosen im Jahr pro Person / entleert werden

a) Einerseits ist das Auto komfortabel, andererseits ist es schlecht für die Umwelt.

D

7 Die „Dosen-Slot-Machine".
Eine originelle Idee,
aber löst sie das Dosenproblem?

8 Der folgende Text beschreibt eine Aktion gegen die Abfallberge. Lies die Aussagen und danach den Zeitungsartikel. Welche Aussage passt am besten zum Artikel?

a Im Allgäu werden Getränkedosen kostenlos abgegeben.
b Im Allgäu will man den Konsum der Getränkedosen reduzieren.
c Im Allgäu sind Dosen verboten.

Umweltinitiative
„Dosenfreie Zone" im Allgäu

49 Städte und Gemeinden im Allgäu haben den Kampf gegen die wachsende Flut von umweltschädlichen Blechbüchsen aufgenommen. Dazu gehören Verzichtsappelle an Verbraucher, Handel und Gastronomie.

Kempten • Wer seit Donnerstag im Allgäu unterwegs ist, kann die leuchtend roten Stoppschilder mit der Getränkedose darauf kaum übersehen. Ob in Lindau am Bodensee, in Oberstdorf oder Kempten – Bier und Erfrischungsgetränke in der silbernen Blechbüchse sind schlichtweg unerwünscht. 49 Städte und Gemeinden erklärten die gesamte Region zur ersten „Dosenfreien Zone" Deutschlands und den Abfallbergen damit den Kampf.

<u>Ständige Appelle</u>
Ab sofort werden alle Verbraucher auf Schritt und Tritt aufgefordert, die Finger von den Dosen zu lassen. An Ortseingängen, Zufahrtsstraßen, Einkaufszentren, Marktplätzen und Kneipen mahnen Tausende von Pla-

katen, Bierdeckeln oder Hinweistafeln: „Zukunft sichern – richtig einkaufen". Appelle, die Büchsen aus dem Angebot zu nehmen, richten sich auch an Handel und Gastronomie. Zu der bundesweit einmaligen Kampagne gegen die ständig wachsende Dosenflut schlossen sich der Zweckverband Abfallwirtschaft Kempten (ZAK) und zehn Allgäuer Brauereien zusammen. „Allein in der ersten Hälfte dieses Jahres kletterte der Absatz von Bierdosen in Bayern um 40 Prozent. 1994 waren es schon 65 Prozent plus", klagt Gebhard Kaiser, stellvertretender Landrat und Vorsitzender des ZAK. Mit dieser Wegwerfmentalität müsse endlich Schluss sein. Dass Getränke in der handlichen Einwegverpackung derzeit ganz offensichtlich wieder total „in" sind, können die Abfallexperten kaum begreifen. „Es müsste doch mittlerweile jedermann bekannt sein, dass die Weißblechbüchsen einfach ein ökologisches Problem sind", meint Kaiser …

(HNA, 27.10.95)

9 Beantworte diese W-Fragen: Wer? Wo? Was? Wann? Warum? Wie? Wozu?

 10 In einem Radiointerview informiert ein Bürgermeister über die Aktion. Notiere die neuen Informationen.

E

11 Schreibe folgenden Satz im Passiv Präsens (a), Passiv Präteritum (b) und Passiv Perfekt (c).

Die Gemeinden erklären die Region zur dosenfreien Zone.

a Die Region (wird) _____ ( ) .

b Die Region (w) _____ ( ) .

c Die Region (i) _____ ( ) ( ) .

12 Ursachen und Konsequenzen – Mache aus jeweils drei Sätzen eine Sequenz, wie im Beispiel vorgegeben. Verwende *weil* und *deshalb*.

a Die Getränkebüchsen sind ein ökologisches Problem. / Man will den Konsum reduzieren. / Man will eine Umweltinitiative starten.

b Auch im Allgäu will man gegen die Abfallberge kämpfen. / 49 Städte erklären die Region zur „Dosenfreien Zone". / Plakate und Hinweistafeln hängen überall.

c Dieses Problem betrifft nicht nur Deutschland. / Man sollte die Menschen auch bei uns informieren. / Man sollte Umweltinitiativen organisieren.

a) Weil die Getränkebüchsen ein "ökologisches Problem sind, will man ...
Deshalb will man ...

13 Schreibe die folgenden Sätze mit *weil* und *obwohl* um, wie im Beispiel vorgegeben.

a Wegen der Umweltinitiative gegen die Blechbüchsen, sieht man überall im Allgäu Stoppschilder mit einer Getränkedose darauf.

b Wegen des Verkaufsanstiegs von Bierdosen, will man gegen die Wegwerfmentalität kämpfen.

c Trotz der ökologischen Probleme werden die Blechdosen immer noch zu oft verkauft.

d Trotz der Information der Bevölkerung steigt der Verkauf von Bierdosen an.

a) Weil es im Allgäu eine Umweltinitiative gegen Blechbüchsen gibt, sieht man ...

14 Sieh dir die Fotos an. *Was kann, darf, soll man hier (nicht) machen?* Schreibe zu jedem Bild eine Aussage.

15 Passiv mit Modalverben: *Was darf/kann ... hier (nicht) gemacht werden?* Ergänze die Satzanfänge. Verwende die folgenden Verben.

kaufen · mitnehmen · frühstücken · fahren · betreten · gewinnen · wandern

a Hier können / dürfen ...
b Hunde dürfen hier nicht ...
c Hier kann / darf ...
d Das Grundstück ...

① Hier kann geparkt und gewandert werden.

16 Beschreibe zwei Schilder in deiner Stadt. Vergleicht dann in der Klasse.

A

1 Im Liedtext fehlen fünf Zeilen. Lies entweder den Text, ordne die Zeilen 1–5 zu und kontrolliere mit der Kassette oder höre zuerst das Lied und ordne danach die Zeilen zu.

Du weißt immer, dass ich bei dir bin,
ganz egal wohin ich auch geh.
Du kennst jeden Gedanken von mir.
_____

ohne deine Worte zu hören;
deine Augen verraten es mir.
_____

und weißt immer, wann ich Hilfe such,
würdest alles für mich tun.
Refrain:
Verlieben, verlieren,
vergessen, verzeihen,
gehören, zerstören,
_____

Münchner Freiheit:
„Verlieben – Verlieren"

keine Sekunde bereuen,
keine Sekunde bereuen,
verlieben, verlieren,
vergessen, verzeihen,
sich hassen, verlassen,
_____

keine Minute allein,
keine Sekunde bereuen
_____

Ich könnt nicht leben, wenn ich dich verlier
Du warst immer schon ein Teil von mir,
ich würde alles für dich tun.

1. Du kennst jeden Gedanken von mir
2. Ich weiß immer, was du sagen willst,
3. und doch keine Nacht allein

4. und doch unzertrennlich sein
5. Du kannst in mir lesen wie in einem Buch

2 Zu welchen Wörtern im Lied passen die Erklärungen?

a
... sein, verrat..., verriet, hat verraten..., [Vt] **1** (*j-m*) **etw. v.** *gespr*; j-m etw. sagen od. zeigen, das geheim bleiben sollte ⟨ein Geheimnis, e-n Plan, ein Ver-... ...⟩: *Soll ich dir v... was du zu Weihnachten...*

b
... ... [Vt] **etw. b.** an e-e eigene Tat denken u. dabei wünschen, daß man sie nicht getan hätte ⟨e-n Fehler, e-e Sünde bitter, tief b.⟩: *Der Mörder bereut sein...Tat...*

c
... *Adj*; ⟨Freunde, ein Paar⟩ so, daß sie alles gemeinsam machen: *Die beiden sind u.*

d
[Vt/i] **1** (*j-n / etw.*) **v.** j-n / etw. aus dem Gedächtnis verlieren, sich nicht mehr an j-n / etw. erinnern können: *Ich habe ganz vergessen, wie man das macht; Ich*

3 Robert und Susanne haben sich im Urlaub verliebt. Am Anfang ging alles schief. Lies zuerst a–h und dann die Tagebuchtexte auf S. 63 schnell durch. Ordne a–h Robert (R) oder Susanne (S) zu.

a ☐ ist die Treppe an der U-Bahn-Haltestelle runtergefallen.
b ☐ hat im Krankenhaus gelegen.
c ☐ wohnt in Köln und fährt U-Bahn.
d ☐ unternimmt eine Suchaktion.

e ☐ bekam den gewünschten Anruf nicht.
f ☐ wohnt in einer Wohngemeinschaft.
g ☐ war mit der Mutter im Restaurant essen.
h ☐ fährt im Winterurlaub ans Meer.

4 Lies nun Roberts Tagebuchtexte genau und bringe die Zeichnungen von Roberts Unfällen in die Reihenfolge, die den Texten entspricht.

① ② ③ ④

MILCHPROD

5   Welche Texte von Susanne und Robert gehören zusammen? Ordne zu, wie im Beispiel.

januar  **3**

Roberts Tagebuch:
Es ist ja nicht zum Aushalten: Erst brech ich mir ein Bein und dann ist auch noch Susanne weg. „Abgereist!", heißt es in ihrer Pension. Und ich weiß weder ihren Nachnamen noch wo sie wohnt. Die Welt ist böse und ungerecht.

märz ☐

Roberts Tagebuch:
Es ist unglaublich: Susanne wohnt in Köln!! Ich habe sie gestern in der U-Bahn gesehen, Haltestelle Friesenplatz. Sie stieg gerade in die Linie 5, als ich die Treppe runterkam. In der Eile bin ich leider über ein Punkerpärchen gestolpert und wir sind zu dritt die Treppe runtergepurzelt. Die waren echt sauer! Ich hab mir den Fuß verstaucht und die Bahn war natürlich weg.

juni ☐

Roberts Tagebuch:
Hab eine Anzeige in allen Stadt-Magazinen aufgegeben: „Susanne verzweifelt gesucht. Geze." Das Ergebnis: Es haben ungefähr zwanzig Susannes geschrieben. Leider nicht meine. Es ist zum Heulen.

september ☐

Roberts Tagebuch
Es ist alles aus: Susanne hat einen Freund. Ich hab's genau gesehen. Ich war in der neuen Techno-Disco. Und sie stand da, irgendwo im

wo die Liebe hinfällt, bleibt sie liegen

Hintergrund, neben der Tanzfläche. Mit 'nem Kerl. Bin sofort wieder gegangen. Alles umsonst. Ein kleiner Trost: Meine Mutter hat mich zum ersten Mal in meiner Studentenbude besucht und ist übers Wochenende geblieben.

november ☐

Roberts Tagebuch:
Das Schicksal ist manchmal so unromantisch. Ich hab Susanne getroffen. Im Supermarkt. An der Kühltheke. Vor lauter Schreck bin ich ausgerutscht und ins Joghurt-Regal gefallen. Und sie hat sich totgelacht und mich zum Kaffeetrinken in ihre WG eingeladen. PS: Sie hat doch keinen Freund – es war ihr Bruder, der da in der Disco neben ihr stand.

dezember ☐

Roberts Tagebuch:
Ich bin noch mal gestolpert, und zwar direkt in Susannes Arme. Tja, wo die Liebe hinfällt, bleibt sie liegen. Susanne will jetzt auf mich aufpassen, hat sie gesagt. Und

wir fahren wieder in den Winterurlaub, diesmal an den Strand, Kanaren oder so.

1   Susannes Tagebuch:
Es hat mich erwischt. Der Typ ist zwar eine Katastrophe, aber wenigstens eine nette. Im Winterurlaub fahren wir diesmal nicht Ski, sondern an den Strand. Wenn er im Sand hinfällt, kann er sich wenigstens nicht gleich was brechen.

2   Susannes Tagebuch:
Mannomann, ist der schreckhaft. Ich hab Robert wiedergetroffen, im Supermarkt an der Uni. Als ich „Hallo, Robert" sagte, ist er erst mal ins Kühlregal gefallen. Der Typ ist der Schrecken jedes Versicherungsvertreters. PS: Er hat doch keine Freundin – es war seine Mutter!! Wie man sich täuschen kann …

3   Susannes Tagebuch:
Schade eigentlich. Vor der Heimreise wollte ich Robert im Krankenhaus besuchen. „Entlassen!", hieß es. Den seh ich nie mehr wieder. Dabei fand ich ihn so niedlich, wie er ständig stolperte und hinfiel.

4   Susannes Tagebuch:
Das ist ja ein Ding: Robert hat eine Freundin. Und sie ist auch noch viel älter als er! Das hätte ich nicht gedacht. Ich hab ihn gesehen, in einem teuren Restaurant, durchs Fenster. Sie hat bezahlt. Vor lauter Frust hab ich meinen Bruder herbestellt und bin mit ihm nächtelang um die Häuser gezogen.

5   Susannes Tagebuch:
Eine Freundin von mir arbeitet beim Lokal-Radio, die hat für mich eine Suchmeldung durchgegeben: „Ski-Hase sucht Stolper-Robert. Gezeichnet Susanne." Es scheint in Köln jede Menge Singles zu geben. Beim Sender liefen jedenfalls die Telefone heiß. Einer hieß noch nicht mal Robert, sondern Jochen. Aber er wär auch ein netter Kerl, hat er behauptet. Nicht zu fassen.

6   Susannes Tagebuch:
Entweder ich sehe schon Gespenster oder es war tatsächlich Robert, der da gestern die Treppe in der U-Bahn runtergesegelt kam. Passen würde es ja. Bevor ich wieder aussteigen konnte, fuhr leider die Bahn schon los.

6 Wortschatz erschließen: Wie heißt es in den Texten von Robert und Susanne auf Seite 63?

Januar: Er hat das Krankenhaus verlassen dürfen. <u>entlassen</u>

Er ist oft gegen etwas gestoßen und ist hingefallen. _____

Juni: vor Wut/Schmerz/Angst weinen _____; es gab viele Anrufe _____

September: Alles blieb ohne Erfolg. _____; Enttäuschung _____

Dezember: Ich habe mich verliebt. _____

7 Schreiben üben – Stell dir vor, du bist Susanne oder Robert. Schreibe einen dieser Texte. Vergleicht eure Texte in der Klasse.

Liebesbrief   Abschiedsbrief   Tagebuchtext: Urlaubstag am Meer

8 Ein Interview mit vier Jugendlichen zum Thema „Liebe". Welche Fragen würdest du stellen? Schreibe vier Fragen auf.

9 Höre das Interview. Welche deiner Fragen werden beantwortet?

10 Höre das Interview noch einmal. Wer sagt was? Markiere die Sätze mit Mt (Martina), M (Marc), S (Simona) oder T (Thomas).

a ☐ Ich habe alles im Bauch gespürt. **b** ☐ Ich brauche viele Menschen um mich. **c** ☐ Wir haben verschiedene Interessen. **d** ☐ In der Freizeit unternehmen wir viel zusammen. **e** ☐ Sie ist immer sehr aktiv (unternehmungslustig). **f** ☐ Der Kopf steckt meistens in den Wolken. **g** ☐ Er ist sehr zuverlässig. **h** ☐ Ich habe es zuerst für mich behalten. **i** ☐ Ich habe Herzklopfen gehabt. **j** ☐ Es war ein wunderbares Gefühl. **k** ☐ Mir würde es bestimmt sehr schlecht gehen. **l** ☐ Jeder respektiert die Interessen und Gefühle des andern.

C

---

11 Ergänze die Gedanken zum Thema „Liebe" mit den Zeilen a–d.

① _____
hältst du sie fest in der Hand,
zerstörst du ihre Flügel.
Stefan, 16

②
Ich habe die Liebe vermisst.
Nun jetzt ist sie gekommen
und jetzt vermisse ich meine Freiheit.

_____

Erika, 19

③ _____
wie sie in Filmen dargestellt wird?
Mario, 18

④
Ein Leben ohne Liebe ist

_____

Andrea, 16

a Ist das der Preis der Liebe?
b ... wie ein Regenbogen ohne Farbe.

c Warum kann Liebe nicht so leicht sein ...
d Die Liebe ist wie ein Schmetterling, ...

D

12 Ein friedliches Bild. Ergänze das Gedicht mit den passenden Verben im Partizip I.

spielen · sitzen · stinken · singen · trinken

Vor weißen Häusern <u>sitzende</u> Frauen.

In der Sonne _____ Kinder
auf der Straße.

Kaffee _____ Männer

reden in der Bar.

_____ Vögel mischen sich ein.

Kein _____ Auto stört das Bild.

Noch gibt es das – manchmal.

Aber wie lange noch?

13 Indefinitpronomen verstehen. Welche Sätze passen zusammen? Es gibt mehrere Möglichkeiten.

1. Hast du morgen schon etwas vor?
2. Ich habe immer noch Bauchschmerzen.
3. Hast du im Theater jemand getroffen?
4. Kommt jemand mit ins Kino?
5. Haben jetzt alle die Aufgabe verstanden?
6. Ist das alles?
7. Wer hat die Aufgabe gemacht?
8. Wer hat den Film schon gesehen?
9. Jeder soll sein Turnzeug mitbringen!

a. Niemand!
b. Aber es spielt doch keiner von uns morgen mit!
c. Nein, bis jetzt noch nichts. Und du?
d. Einige.
e. Nein, es fehlt noch die Butter.
f. Ach, deshalb hast du nichts gegessen!
g. Ja, aber nicht die, die ich treffen wollte.
h. Nein, heute nicht. Wie wär's morgen Abend?
i. Nein, keiner. Erklären Sie bitte noch mal.

14 Markiere in Aufgabe 13 alle Indefinitpronomen und schreibe sie in Paaren auf.

etwas – nichts

15 Ergänze die Dialoge mit den Indefinitpronomen: *ein/kein, eins/keins, eine/keine, einen/keinen*.

a ○ Nimmst du deine Videokamera mit? ● Ja, ich habe übrigens _____ neue gekauft.

b ○ Brauchst du einen Wecker für die Reise? ● Danke, ich habe schon _____
eingepackt.

c ○ Möchtest du ein Stück Kuchen? ● Danke, ich habe schon _____ gehabt.

d ○ Hast du Bananen gekauft? ● Die haben _____ mehr gehabt.

e ○ Möchten Sie auch ein Brot? ● Ich habe noch _____ zu Hause, danke.

f ○ Weißt du, wo meine Tasche ist? ● Hier unter dem Tisch liegt _____. Ist sie das?

g ○ Mögen Sie Katzen? ● Sehr, ich habe _____ ganz schwarze.

16 *Jemand* oder *niemand?* Ergänze die Sätze.

a Ich habe noch _____ getroffen, der so gut tanzen kann! Du bist wirklich der Beste!

b Claudia geht mit _____, den ich nicht kenne. Ich habe die beiden gestern getroffen.

c ○ Darf ich _____ mit zur Geburtstagsparty bringen? ● Klar, kein Problem!

d Was kann ich machen – wenn ich _____ anspreche, werde ich immer rot?

e Marco ist traurig, weil _____ ihm gesagt hat, dass seine Freundin einen anderen hat.

f ○ Hat dir noch_____ gesagt, dass du sehr sympathisch bist? ● Oh, danke!

17 Ergänze die Sätze mit den folgenden Wörtern. Achte auf die richtigen Endungen.

alle · alles · etwas · nichts · kein(e/er/es) · viel · wenig

a ○ _____ Gute zum Geburtstag!

  ● Danke.

b ○ Ich habe _____ Aufgaben korrigiert.

  ● Und hast du _____ Fehler gemacht?

  ○ Nein, _____.

c ○ Ist _____ klar?

  ● Nein, ich habe _____ nicht verstanden …

d ○ Haben Sie schon _____ gegessen?

  ● Nein, bis jetzt noch _____.

e ○ Wirst du dir das neue Fahrrad kaufen?

  ● Es kostet 1800 DM!

  ○ Ist das _____ oder _____?

  ● Ich finde das sehr teuer.

f ○ Isst du Obst und Gemüse?

  ● Ja, _____.

g ○ Ich habe die Aufgaben nicht verstanden.

  ● Das macht _____!

h ○ Hast du ein Taschentuch?

  ● Tut mir Leid, ich habe auch _____.

B

1 Du hörst die Tageszusammenfassung einer Nachrichtensendung im Radio.
Welche der folgenden Themen kommen vor? Kreuze an.

a □ Schwarzer Tag für den Dollar **b** □ Staatsbesuch in Bonn **c** □ Niedersachsens Umweltministerin
entlastet **d** □ Dopingfall Krabbe **e** □ Wettervorhersage **f** □ Weitere Steuersenkungen möglich
g □ Weltklimakonferenz in Berlin **h** □ Leichtathletikweltmeisterschaften

2 Höre die Aufnahme noch einmal. In welcher
Reihenfolge werden die Themen genannt?

□ □ □ □ □ □

3 Vergleiche nun die Themen der Nachrichtensendung mit den Zeitungsschlagzeilen. Welche Titel
passen zu welchen Beiträgen? Arbeite mit dem Wörterbuch.

Radionachrichten:	a					
Zeitungsschlagzeile:	4,10					

① Ehemann nicht bevorzugt

② Weniger schädliche Emissionen nach dem Jahr 2000

③ **Die Sprinterin und der Leichtathletikverband vor Gericht**

④ Negativrekord für amerikanische Devise

⑤ Ministerin Griefhahn unschuldig

⑦ **Etwas Regen, sonst warm**

⑥ **Durchschnittstemperaturen auf der Erde steigen**

⑩ **US-Währung fällt weiter**

⑧ 30 Mrd. DM weniger an den Staat

⑪ Weniger Geld für Finanzminister

⑨ Zu hoher Energieverbrauch in den Industrie-Staaten

4 Fabeln zeigen oft die Realität, auch die politische. Lies zuerst die Fabel vom Löwen und Tiger und
bearbeite dann Aufgabe 5 auf S. 68.

Löwe und Tiger

1. Als der König der Tiere neu gewählt werden sollte,
sah es so aus, als würde diesmal der Tiger gewinnen.
2. Da versprach der Löwe großzügig seinen Untertanen
noch reichere Beute und für jeden größere Anteile davon,
5 schönere Wohnungen und bessere Schulen.
3. Das gefiel allen – sie wählten ihn wieder.
4. Aber als die Versprechungen nicht eingelöst wurden,
erinnerten Unerschrockene seine Majestät eindringlich.
5. „Unmögliches kann auch ich nicht halten", meinte
10 der Löwe; „das müsst ihr verstehen."
6. Nach einigem Nachdenken gelang das auch vielen –
und sie huldigten weiter ihrem erhabenen Herrscher.

Glossar: die Untertanen = das Volk · die
Beute = die Nahrung, das Fressen · einlösen =
halten · unerschrocken = mutig, entschlossen ·
eindringlich = energisch · gelingen = Erfolg
haben · huldigen = bewundern, verehren ·
erhaben = groß, nobel · der Herrscher =
der Herr, der König

5 In der Fabel werden viele Dinge angesprochen, die im Leben eines Politikers wichtig sind. Ordne die Stichworte a–f je einem Satz der Fabel zu.

Stichworte	Satz in der Fabel
a Wahlen, Abstimmungen	1
b Reaktionen, Rechtfertigungen	2
c Meinungsumfragen, Wahlkämpfe	3
d Überzeugungskraft, Vertrauen	4
e Opposition, Vorwürfe	5
f Reden, Wahlprogramme	6

6 Tieren werden oft menschliche Eigenschaften zugeordnet. Es gibt aber Unterschiede zwischen den Kulturen. Ordne 1–8 den Tieren zu. Vergleiche mit den Zuordnungen deutscher Schülern rechts.

(a) Esel   (1) treu

(b) Wolf   (2) dumm

(c) Fuchs   (3) gutmütig

(d) Löwe   (4) schlau

(e) Ratte   (5) aggressiv

(f) Hahn   (6) stolz

(g) Schaf   (7) böse

(h) Hund   (8) stark

Die Zuordnung von deutschen Schülern:
a + 2
b + 7
c + 4
d + 8
e + 5
f + 6
g + 3
h + 1

7 **Die Politiker-Checkliste** ▼ Deine Meinung ist gefragt!

Bewerte die Eigenschaften von Politikern/Politikerinnen von ++ (sehr positiv) bis – – (sehr negativ). Du kannst weitere Eigenschaften ergänzen. Vergleicht die Checklisten in der Klasse.

	++	+	–	– –
Er/sie wirkt zuverlässig.				
Sie/er wirkt selbstbewusst.				
Er/sie wirkt unabhängig und autonom.				
Sie/er ist jung.				
Er/sie wirkt jung.				
Sie ist eine Frau.				
Er/sie geht mit der Mode.				
Sie/er hat viel Erfahrung.				
Er/sie wirkt autoritär.				
Sie/er wirkt zugänglich.				
Er/sie ist offen für Neues.				
Sie/er erzählt auch Privates.				
Er/sie spricht verständlich.				
Sie/er hat Kontakt mit Randgruppen.				
Er/sie wirkt vorsichtig.				
Sie/er weicht Fragen aus.				

	++	+	–	– –
Er/sie geht auf das Publikum ein.				
Sie/er wirkt ehrlich.				
Er/sie hat Humor.				
Sie/er ist nervös.				
Er/sie hat eine lebendige Ausstrahlung.				
Sie/er vertritt meine Interessen.				
Er/sie überzeugt mich als Politiker(in).				
Sie/er überzeugt mich als Mensch.				
Er/sie zeigt Toleranz.				
Sie/er ist ein reiner Kopfmensch.				
Er/sie kennt auch andere Berufe.				
Sie/er steht zu eigenen Unsicherheiten.				

C

8 Das politische Wörterrätsel. Lies die Beschreibungen und suche im Kursbuch die passenden Wörter.

☐ Sie ist das Thema dieser Einheit.

☐ Er wird vom Bundeskanzler ausgesucht.

☐ Der deutsche Bundespräsident hat keine.

☐ Die FDP ist eine.

☐ Sie wählt den Bundeskanzler im Parlament.

☐ Der Bundespräsident repräsentiert ihn.

☐ 1996 waren das die SPD, Bündnis 90/Die Grünen und die PDS.

1️⃣ Es beschließt die Gesetze.

☐ Sie wird vom Bundeskanzler gebildet.

☐ Die Gesetze müssen mit ihr übereinstimmen.

```
          1
 2   ┌──┬──┬──┬──┬──┬──┬──┬──┐
     │  │ P│  │  │  │  │  │ N│
 3   └──┼──┼──┼──┼──┼──┴──┴──┘
        │ A│  │ T│  │
 4   ┌──┼──┼──┼──┼──┼──┬──┐
     │  │ R│  │  │  │ U│  │
 5   └──┼──┼──┼──┼──┼──┴──┘
        │ L│  │ T│  │
 6   ┌──┼──┼──┼──┼──┤
     │  │ A│  │  │  │
 7 ┌──┼──┼──┼──┼──┼──┬──┐
   │  │ M│  │  │ H│  │  │
 8 └──┼──┼──┼──┼──┼──┴──┘
      │ E│  │ E│  │
 9 ┌──┼──┼──┼──┼──┬──┐
   │ M│ N│  │  │  │  │
   └──┼──┼──┼──┼──┴──┘
 10   │ T│  │ T│
      └──┴──┴──┘
```

9 Das Europäische Parlament

Deutschland und Österreich sind Mitglieder der Europäischen Union (EU). Seit 1979 wählen die EU-Bürger ein Parlament, das die Aufgabe hat, ihre Interessen zu vertreten. Bis heute sind die Rechte und die Macht des Europäischen Parlaments aber sehr gering.
1996 waren 15 Länder Mitglied der Europäischen Union. Welche?

Ergänze die Länder-namen in der Grafik.

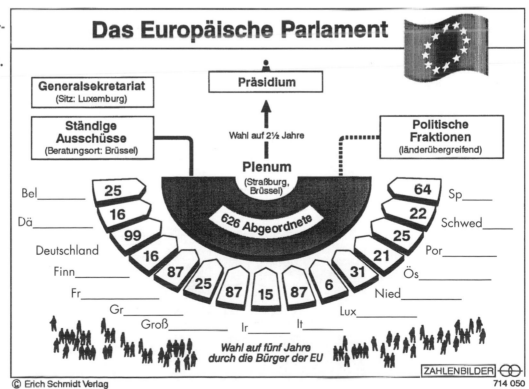

Das Europäische Parlament

Generalsekretariat (Sitz: Luxemburg)

Präsidium

Ständige Ausschüsse (Beratungsort: Brüssel)

Wahl auf 2½ Jahre

Politische Fraktionen (länderübergreifend)

Plenum (Straßburg, Brüssel)

626 Abgeordnete

Bel_____ 25
Dä_____ 16
99
Deutschland
Finn_____ 16
87
Fr_____ 25 87 15 87 6
Gr_____
Groß_____ Ir_____ It_____

64 Sp____
22 Schwed_____
25 Por_____
21
31 Ös_____
Nied_____
Lux_____

Wahl auf fünf Jahre durch die Bürger der EU

© Erich Schmidt Verlag

ZAHLENBILDER
714 050

10 Sind nach 1996 noch andere Länder aufgenommen worden? Wenn ja, welche?

11 Eine Geschichte von Herrn B.
Stelle dir vor, du bist Herr B. und erzählst jemandem diese Geschichte. Schreibe den Text in der Ich-Form.

Herr B. vertrat die Ansicht, man müsse sich den verschiedenen Lebenslagen anzupassen wissen, vor allem dürfe man nichts tun, was unbequem sei. So habe er einmal in seiner Vaterstadt A. mit einem Mädchen plaudern wollen, das sehr schön gewesen sei, aber im zweiten Stock gewohnt habe. Er habe zu dieser Zeit an einem steifen Hals gelitten, und es sei sehr unbequem gewesen, zu ihrem Fenster aufzuschauen. Da er auf die Unterhaltung aber nicht habe verzichten wollen, habe er sich auf das Straßenpflaster gelegt und so mit ihr gesprochen.

Ich bin der Ansicht, dass man sich den verschiedenen Lebenslagen anzupassen wissen muss. Man darf ...

12 Schreibe a–f einmal mit Konjunktiv I und einmal mit Konjunktiv II, wie im Beispiel.

Ich habe eine interessante Rede gehört. (er, berichten)

Er berichtete, er habe eine interessante Rede gehört.
Er berichtete, er hätte eine interessante Rede gehört.

a Wir dürfen zum ersten Mal wählen. (sie, erzählen)
b Ich kann meine Entscheidung auch begründen. (sie, erwidern)
c Wir sind über die Politik in unserer Stadt gut informiert. (sie, versichern)
d Wir haben noch nie einen Wahlzettel gesehen. (sie, sagen)
e Ich bin von vielen Politikern enttäuscht. (er, meinen)
f Wir müssen die Kandidaten besser kennen lernen. (sie, antworten)

13 Lies das Gespräch zwischen Hägar und Helga und ergänze dann den Text auf Seite 71 mit *ob, dass* und Verben im Konjunktiv I.

Es regnet draußen in Strömen. Helga und Hägar sind im Bett. Da fragt sie ihn plötzlich,

_____*ob*_____ er noch wach _____*sei*_____. Hägar antwortet, _____ er nicht mehr

wach _____. Helga fragt, _____ er den Hund rausgelassen _____.

Hägar antwortet, er _____ ihn rausgelassen. Aber Helga lässt Hägar keine Ruhe. Sie fragt

ihn, _____ er ganz sicher _____, _____ er den Hund rausgelassen

_____, bevor er ins Bett gegangen _____. Hägar geht aus dem Bett und

sagt verärgert, _____ er den Hund immer raus _____, bevor er ins Bett

_____. Nur manchmal _____ er, ihn wieder reinzulassen!

14 Sechs Tipps *um* bessere Reden *zu* halten. Ergänze die Tipps, wie im Beispiel vorgegeben.

1: Man sollte laut und deutlich sprechen, _*um von allen verstanden zu werden.*_
   (von allen verstanden werden)

2: Am besten verwendet man klare, kurze Sätze, _____
   (die Rede gliedern)

3: Man muss nicht viel aufschreiben, _____
   (gut reden können)

4: Harte Realität oder viel Gefühl sind die besten Mittel, _____
   (die Zuhörer interessieren)

5: Eine einzige Person sollte nie zu lange sprechen, _____
   (die Leute nicht langweilen)

6: Man soll immer sich selbst sein, _____
   (das Publikum überzeugen)

15 Du hast verschiedene Hörstrategien kennen gelernt. Wiederhole sie und schreibe dann zu jeder Strategie einen passenden Satz mit *damit*. Die folgenden Ausdrücke helfen dir.

alle Informationen verstehen · einen Überblick bekommen · bestimmte Informationen erhalten

Ich benutze die _*Express-Strategie, damit ich*_ _____

Ich verwende die _____

Ich arbeite mit der _____

A

1 Lorenz Minder (18) ist Computerexperte und Preisträger beim Wettbewerb „Schweizer Jugend forscht". Den Preis bekam er für sein Computerprogramm „SYMEXLIN". Die Zeitschrift „Dialog" hat ihn interviewt. Hier ein Ausschnitt aus dem Interview.

Die Antworten stehen in der richtigen Reihenfolge, aber die Fragen nicht. Ordne die Fragen den Antworten zu.

Antwort	a	b	c	d	e	f
Frage	4					

1 Und was sagst du denjenigen, die nie vor einem Computer sitzen?

2 Was ist denn für dich so reizvoll am Programmieren?

3 Was meinen deine Eltern dazu, dass du stundenlang vor dem Computer sitzt?

4 Lorenz Minder, du hast im Jahre 1995 mit deinem Computerprogramm einen Preis beim „Schweizer Jugend forscht" gewonnen. Bist du ein Computerfreak?

5 Welche Botschaft möchtest du allen mitteilen, die stundenlang vor dem Bildschirm sitzen?

6 Die Schulen „Future-Kids", die Kleinkindern das Lesen, Schreiben und Benützen eines Computers zur gleichen Zeit beibringen wollen, werden von vielen Eltern bei der Wahl der Schule vorgezogen. Möchtest du, dass deine Kinder eine „Future-Kids"-Schule besuchen?

a Ein Computer ist für mich einfach interessant, es ist aber nicht der Fall, dass ich mich nur um Computer kümmere.

b Das ist schwierig zu sagen. Ich glaube, wichtig daran ist, dass man dabei selber produktiv ist. Es ist nicht zu vergleichen mit Basteln oder so, aber man macht ein eigenes Produkt, das man beliebig verbessern kann. Auch der mathematische Teil ist interessant, man entdeckt, dass man es mit einem klaren Prinzip zu tun hat.

c Am Anfang haben sie versucht, sogenannte Sanktionen einzuführen. Es war aber nie so schlimm, dass ich nie nach draußen ging. Mit der Zeit gaben sie aber auf. Ich habe mich einfach nicht an die Sanktionen gehalten.

d Ich finde es viel wichtiger, dass Kinder zuerst lernen sollten, mit anderen Kindern umzugehen. So wichtig wie Lesen und Schreiben ist der Computer auch wieder nicht. Den Umgang mit dem Telefon hat man ja auch nicht von Anfang an lernen müssen.

e Ich glaube, sie verpassen etwas!

f Sie verpassen auch etwas, aber nicht so viel wie die anderen!

2 **Überlege: Was hat dir bei der Zuordnung geholfen?**

3 **Markiere die folgenden Wörter im Interview. Kannst du erschließen, was sie bedeuten?**

① Computerfreak ③ basteln ⑤ entdecken ⑦ Botschaft
② reizvoll ④ Sanktionen ⑥ beibringen ⑧ vorziehen

Wenn du Hilfe brauchst, lies die Worterklärungen und ordne sie den Wörtern zu.

Worterklärungen: ⓐ etwas Neues herausfinden, erkennen ⓑ damit versucht man, das Verhalten einer Person zu ändern ⓒ offizielle Nachricht ⓓ jemand, der sich für Computer begeistert ⓔ etwas lehren ⓕ etwas lieber mögen ⓖ interessant und schön ⓗ als Hobby Sachen aus Holz, Papier usw. herstellen

4 Eine Zeitungsnotiz über Lorenz Minder. Ergänze die fehlenden Wörter im Text.

sei (2) · habe (1) · hätten (3) · um ... zu (1) · damit (1)

„Jugend forscht"-Preis an jungen Programmierer

Der 18-jährige Schüler Lorenz Minder wurde für sein Algebraprogramm SYMEXLIN mit dem diesjährigen „Jugend forscht"-Preis ausgezeichnet. Minder betont, er _____ kein Computerfreak. Das Programm _____ er nur entwickelt, _____ nicht immer so lange an den Mathe-Aufgaben _____ sitzen. Zwar sitzt Lorenz oft Stunden vor dem Computer, aber er hat auch andere Hobbys. Am Anfang, so berichtet Lorenz, _____ seine Eltern ihm mit Sanktionen gedroht. Aber als sie gemerkt _____, dass das sinnlos war, _____ sie aufgegeben und ihn machen lassen. Trotzdem hält es Lorenz für Unsinn, wenn Eltern ihre Kinder in „Future-Kids"-Schulen schicken, _____ sie dort schon früh mit dem Computer arbeiten lernen. Er meint, es _____ wichtiger, dass die Kinder erst einmal mit anderen Kindern umgehen lernen. Wer sich nicht mit Computern beschäftige, verpasse zwar etwas, „aber wer nur mit dem Computer kommuniziert, verpasst noch mehr", meint Lorenz.

5 Die *Schweizerische Arbeitsgemeinschaft der Jugendverbände (SAJV)* hat bei einem Jugendtreffen 114 Teilnehmer/innen zum Thema „Computer" befragt. Hier sind einige Ergebnisse dieser Miniumfrage. Was meinst du, wie die Jugendlichen geantwortet haben? Ordne die Prozentzahlen zu.

				Ja	Nein	?
1. Hast (hattest) du während deiner obligatorischen Schulzeit Informatikunterricht?	0%	24%	76%			
2. Hast du einen Computer zu Hause?	0%	19%	81%			
3. Ist deiner Ansicht nach der Mensch vom Computer abhängig?	14%	37%	49%			
4. Fändest du es fortschrittlich, wenn jeder Schüler einen Computer auf dem Tisch hätte?	19%	24%	57%			
5. Glaubst du, dass Reiche mehr Zugang zu Wissen und Informationen haben als Arme?	8%	24%	68%			
6. Hast du schon einen Liebesbrief für deinen Freund/ deine Freundin auf dem Computer geschrieben?	0%	7%	93%			

Umfrageergebnis: 1. 76%, 24%, 0% · 2. 81%, 19%, 0% · 3. 49%, 37%, 14% · 4. 24%, 57%, 19% · 5. 68%, 24%, 8% · 6. 7%, 93%, 0%

6 Welche Aussage passt zu welcher Frage in Aufgabe 5? Es gibt zum Teil mehrere Möglichkeiten.

a Nein, zu viel Technik im Klassenzimmer ist auch nichts.
b Ja, klar. Wo Sie auch hinsehen – Autos, Flugzeuge usw., ohne Computer geht nichts mehr.
c Ich denke, dass jeder Schüler heutzutage Informatikunterricht bekommen sollte.
d Nein, das wäre ja total unpersönlich!
e Mich würde interessieren, ob es da Unterschiede zwischen Mädchen und Jungen gibt.
f Ich glaube schon, dass man mit Geld auch Informationen und Wissen kaufen kann.

7 Was meinst du: Wird es in 20 Jahren noch Berufe geben, die nichts mit Computern zu tun haben?

8 Lies noch einmal den Artikel von Dominik auf S. 100 im Kursbuch. Wir haben Schülerinnen gefragt, was sie von Dominiks Aussage halten. Höre die Kassette. Wie viele widersprechen Dominik und wie viele stimmen ihm zu?

9 Höre die Kassette noch einmal und notiere die wichtigsten Aussagen der Schülerinnen in Stichworten. Überlege: Wem stimmst du am meisten zu?

10 Um mehr Mädchen für Informatik zu interessieren, hat die Stiftung „Schweizer Jugend forscht" eine Studienwoche angeboten. Lies zuerst die 15 Fragen und dann das Informationsblatt. Welche Fragen werden beantwortet? Kreuze an.

1. ❑ Werden die Computer von den Teilnehmerinnen mitgebracht?
2. ❑ Könnte sich jemand einschreiben, der nur Französisch kann?
3. ❑ Wie viele Anmeldungen werden angenommen?
4. ❑ Wie lange dauert der Unterricht täglich?
5. ❑ Werden die Teilnehmerinnen in Zweibettzimmern schlafen?
6. ❑ Womit wird die Studienwoche ergänzt?
7. ❑ Zum wie vielten Mal wird die Studienwoche organisiert?
8. ❑ Gibt es die Möglichkeit, während der Woche Sport zu treiben?
9. ❑ Wie alt muss man sein, um teilnehmen zu können?
10. ❑ Wozu braucht man eine Erlaubnis der Schule?
11. ❑ Könnte sich ein Anfänger einschreiben?
12. ❑ Wie viele Lehrer/innen leiten das Seminar?
13. ❑ Was sind die wichtigsten Themen?
14. ❑ Dürfen die Teilnehmerinnen in der Freizeit ausgehen?
15. ❑ Wie kommt man nach Männedorf?

Stiftung „Schweizer Jugend forscht"
Technoramastrasse 1
Postfach
8404 Winterthur

Tel. 0 52/2 42 44 40

Stiftung „Schweizer Jugend forscht", Technoramastrasse 1, Postfach, CH-8404 Winterthur, Tel. 00 41 (0)52-2 42 44 40,
Fax 00 41 (0)52-2 42 29 67, E-Mail sjf@spectraweb.ch, Postcheck 84-5714-7

Studienwoche Informatik

für Mittelschülerinnen von 17 bis 20 Jahren

Die Stiftung „Schweizer Jugend forscht" (SJf) führt in Zusammenarbeit mit dem **Departement für Informatik der ETH Zürich** zum dritten Male eine Studienwoche „Informatik" für interessierte und engagierte Mittelschülerinnen im Alter von 17 bis 20 durch.
Ziel der Woche ist es, **Mädchen** verschiedene **Aspekte der Informatik** näher zu bringen. Den Schülerinnen wird die Gelegenheit geboten, in kleinen Gruppen unter fachkundiger Leitung ein oder zwei Projekte zu bearbeiten. Die Projekte stammen aus den unterschiedlichsten Bereichen der Informatik und reichen von elektronischem Publizieren auf dem Internet, Bildverarbeitung über die Mathematik bis zur Informationssuche in grossen Datenbanken. Die Projekte setzen keine **speziellen Computerkenntnisse**, insbesondere keine Programmiererfahrung voraus. Die Woche wird ergänzt durch verschiedene Kurzreferate und eine Exkursion an die ETH Zürich. Die Schülerinnen verpflichten sich, während der Studienwoche am **gesamten Programm** teilzunehmen.

Wer?	Interessierte Schülerinnen aus der ganzen Schweiz im Alter von 17 bis 20 Jahren
Wann, wo?	22.–28. September 1996, Männedorf
Unterkunft	Tagungszentrum Boldern
Sprache	alle vier Landessprachen (vorwiegend Deutsch)
Kosten	Die Teilnehmerinnen bezahlen die Reisekosten selbst, ansonsten ist die Teilnahme gratis.
Versicherung	ist Sache der Teilnehmerinnen.
Termin	Anmeldeschluss ist der 30. Juni. Es besteht **keine Gewähr**, dass alle Anmeldungen berücksichtigt werden können.

B

11 **Eine Geschichte schreiben.**
Hier sind drei Themen und 50 Wörter und Ausdrücke. Wähle zuerst ein Thema. Suche dir dann
zehn Wörter aus der Liste aus und schreibe eine Geschichte, in der alle zehn vorkommen.
Lest euch eure Geschichten gegenseitig in der Klasse vor.

Themen: *Liebe kennt keine Grenzen*   **Man kann etwas ändern!**   Computer-Liebe

Stadt · Liebesgeschichte · zurückhaltend ·
Computer · Schule · Kino · Anfang ·
Bildschirm · Unterricht · Park · sich interessieren (für) · kennen lernen · mögen ·
Männer · Gefühl · zu Hause · Zukunft ·
verlassen · ansehen · Herzklopfen · Freizeit ·
aktiv · Rechte · verlegen · verlieren ·
Kontakt · gemeinsam · kämpfen · Jugend-
parlament · Bürgermeister · Frau · vermissen ·
Brief · Klasse · entscheiden · Unter-
schriften sammeln · Pass · Auto · Zug ·
hinfallen · Krankenhaus · funktionieren ·
Geräusche machen · seltsam · toll · Frauen ·
anmachen · ausschalten · anstrengen ·
berühren

C

12 **Einen Text schreiben. Verbinde jeweils die zwei Sätze zu einem. Verwende die Satzverbindungen in**
der rechten Spalte. Ersetze die Namen durch Pronomen, wo das möglich ist.

a Alexandra und Elsbeth besuchen die 12. Klasse. Alexandra und Elsbeth interessieren sich für die Informatikwoche.	die
b Alexandra will neue Textverarbeitungsprogramme kennen lernen. Alexandra möchte die Schülerzeitung schöner gestalten, schreiben.	um ... zu
c Elsbeth braucht Material für ihr Projekt über „Deutsche Rockmusik". Elsbeth möchte lernen, im Internet Informationen zu finden.	weil
d Sie müssen sich rechtzeitig anmelden. Sie bekommen noch einen Platz.	damit
e In der Studienwoche wird viel Deutsch gesprochen. Alexandra und Elsbeth müssen ziemlich gut Deutsch können.	da

Alexandra und Elsbeth, die sich für die Informatikwoche...

A

1 Nicole singt ein Lied zum gleichen Thema wie Oliver, den du in Einheit 17 im Kursbuch kennen gelernt hast. Was sagt sie zur Vergangenheit (V) und was zur Zukunft (Z)? Kreuze an. Zwei Punkte passen nicht. Wenn du Hilfe brauchst, lies zuerst den Liedtext auf Seite 79.

Nicole ist 18 Jahre alt. Sie macht eine Lehre als Friseurin und ist eine begeisterte Sängerin. In ihrer Freizeit lebt sie praktisch nur für die Musik. Ihr großes Ziel? Dass das Singen später einmal zu ihrem Beruf wird.

	V	Z	
a	☐	☐	den Menschen etwas geben
b	☐	☐	ohne Sorgen leben
c	☐	☐	sich Zeit für Gutes nehmen
d	☐	☐	viel Geld verdienen
e	☐	☐	vor dem Haus spielen
f	☐	☐	störende Leute anschreien
g	☐	☐	die Freunde verstehen
h	☐	☐	das Leben richtig kennen lernen
i	☐	☐	frei sein
j	☐	☐	in die Schule gehen
k	☐	☐	den eigenen Schmerz teilen

B

2 „Kurz und intensiv gelebt", diese Philosophie passt zu vielen Superstars der Musik, angefangen bei Mozart. Höre, was Pit und Ronnie erzählen, und schreibe eine Lebenslauftabelle der vier Stars ins Heft. Notiere nur Stichworte.

Elvis Presley 1935–1977

Jimi Hendrix 1942–1970

Janis Joplin 1943–1970

Kurt Cobain 1967–1994

Alter	Presley	Hendrix	Joplin	Cobain
0–10	Gesangswettbewerb gewonnen			
11–20				
21–30				
31–40				
41–50				

Ich mag es lieber etwas ruhiger...

3 Das Gedicht von Hans Manz beschreibt ein ganz normales Leben. Ergänze zuerst bei jeder Strophe die Sätze in der rechten Spalte. Ordne dann die Strophen.

Ein Kleinkind · Ein alter Mann/Eine alte Frau · ~~Ein Toter~~ · Ein Vater/Eine Mutter ·
Ein Junge/Mädchen · Ein junger Mann/Eine junge Frau

Ein Treppenleben

☐	Auf den Stock gestützt die Treppe verwünschen.
☐	Stufen überspringend die Treppe erstürmen.
☐	Die Treppe hinunter getragen werden.
1	Auf den Knien rutschend die Treppe erklimmen.
☐	Vollbepackt keuchend die Treppe in Etappen einteilen.
☐	Dem Geländer entlang die Treppe erobern.

_____ rennt ganz schnell die Treppe hoch.

_____ hat für die Familie eingekauft und trägt die Sachen nach oben.

_____ versucht, auf den Knien die Treppe raufzukommen.

_____ rutscht auf dem Treppengeländer nach unten.

_____ geht am Stock und ärgert sich über die Treppe.

Ein Toter _____ wird die Treppe hinuntergetragen.

Hans Manz

C

4 Lies den Zeitungsartikel und den Lexikonausschnitt und ergänze dann den Text auf S. 78.

Stradivari, Antonio
(Lat. Stradivarius), ital. Geigenbauer, *Cremona Ende 1643, †gl. O. 1737. Hauptvertreter und unübertroffener Meister einer Geigenbauerfamilie. S. baute mit seinen Söhnen Francesco und Omobono die vollendetsten Geigen, Bratschen und Celli.

Geigen, die beim Spielen schweigen

wrs. Da gab es einst Maestro Stradivarius zu Cremona, den wohl größten Geigenbauer aller Zeiten, und da gibt es einen Geigenbauer namens Kuno Schaub, dessen Geigen ebenfalls in die Geschichte eingehen dürften. Schaub hat nämlich eine Geige entwickelt, die beim Spielen schweigt.

Der findige Fachmann beschreibt seine Instrumente folgendermaßen: „Die Instrumente können als sogenannte stumme Geigen eingesetzt werden, die sehr leise tönen und ohne Veränderung der Räumlichkeiten jederzeit auch in Mehrfamilienhäusern oder Mietwohnungen ohne Störung der

Nachbarn gespielt werden können." Nach der gleichen Konzeption werden übrigens auch Viola, Cello und Bass hergestellt. Stummgeigen waren bisher stets normale Geigen, in deren Körper Löcher gesägt wurden. Schaub ging einen anderen Weg und entwickelte eine futuristische Neukonstruktion. Entstanden ist so ein Übungsinstrument, das aber auch verstärkt verwendet werden kann. Damit wird diese Stummgeige ein ideales Streichinstrument für Orchester oder Band.

(Solothurner Zeitung)

Kuno Schaub ist, wie der im _____ ① Jahrhundert geborene Stradivari aus Cremona, von Beruf _____ ②. Auch seine _____ ③ werden in die _____ ④ eingehen, denn sie sind _____ ⑤, das heißt, sie klingen sehr _____ ⑥ und können somit problemlos in einem Mehrfamilienhaus oder in einer _____ ⑦ gespielt werden, ohne dass man die _____ ⑧ stört. Schon früher gab es Stummgeigen, die aber nichts anderes waren als _____ ⑨ Geigen, in die man Löcher sägte. Diese völlig neue Geige kann man aber auch mit Verstärker verwenden, sodass sie ein ideales _____ ⑩ ist, das auch in einer _____ ⑪ oder in einem _____ ⑫ gespielt werden kann.

D

5   Franz Hohler: Der Liederhörer
Wir haben diese Geschichte in vier Abschnitte aufgeteilt. Lies zuerst den ganzen Text durch und dann Abschnitt für Abschnitt. Zu jedem Abschnitt gibt es eine Aufgabe. Ergänze die Lücken im Text. Die Angaben in a–d in der linken Spalte helfen dir.

a Indefinitpronomen

einige · jeder (3x) · ~~alle~~ · keine · niemand · viele

Glossar: die Wirkung = der Effekt · beherrschen = gut gelernt haben · der Griff = eine gezielte Bewegung · verfügen = haben, besitzen · das Vorbild = das Ideal, das Idol

b Adjektivendungen

-en (3x) · -e (2x) · -er · -em (2x)

Glossar: außergewöhnlich = speziell · die Fähigkeit = eine positive Eigenschaft · die Beine übereinander schlagen = ein Bein über das andere legen · die Hände falten = eine Handfläche auf die andere legen · antreiben = motivieren · zur Geltung bringen = zeigen · namhaft = bekannt · begabt = talentiert · der Aufstieg = der Weg nach oben · verhindern = aufhalten, stoppen

Der Liederhörer

Eines Tages hatten _alle_ Festivals, Sängertreffen und Workshops ihre kreativitätsfördernde Wirkung getan und es gab so _____ Liedermacher, dass _____ mehr übrig blieb, um die Lieder zu hören. _____ besaß eine Gitarre, _____ beherrschte die einfachsten Griffe, _____ verfügte über _____ Reimwörter, aus denen er ein paar Strophen basteln konnte und wenn er selbst _____ zustande brachte, sang er die seines Nachbarn oder die seiner Vorbilder.

▶ Das war die Zeit, als der lang_____ Ulli Linnenbrink aus Kreuzberg plötzlich bekannt wurde, weil er eine ganz außergewöhnlich_____ Fähigkeit hatte: Er konnte Lieder hören. Er hatte eine Art, dazusitzen und dem, der Lieder sang, mit übereinander geschlagen_____ Beinen, mit leicht gefaltet_____ Händen und verständnisvoll_____ Gesichtsausdruck zuzuhören, die jeden Liedersänger zu Höchstleistungen antrieb. Hatte er sein Talent anfänglich nur in klein_____ Kreise, vor Freunden und Kollegen und ab und zu in einer Kreuzberger Kneipe zur Geltung gebracht, wurde bald ein namhaft_____ Liedersänger auf den begabten jung_____ Mann aufmerksam und nun ließ sich sein Aufstieg nicht mehr verhindern.

c Präpositionen

auf (2x) · aus · von ·
in (2x) · zu

Glossar: die Bühne = die Fläche, 20
auf der die Künstler zu sehen
sind · nicken = mit dem Kopf ja
sagen · der Betreffende = die
Person, um die es sich handelt ·
reißen = mit Kraft an sich ziehen
· atmen = Luft holen · Beifall
klatschen = applaudieren · in
den Schatten stellen = viel besser 25
sein

d Personalpronomen

er · ihm (3x) · sie · ihn ·
es (2x) 30

Glossar: der Geldmangel = wenig Geld haben · draufkommen =
auf die Idee kommen · dünken =
scheinen · der Nachahmer =
der Imitator · mindern = reduzieren, verkleinern · der Ruhm =
die Berühmtheit

35

▶ Bald trat er _____ großen Theatern auf, er setzte sich _____ die Bühne, und der ganze Saal war voller Liedermacher, _____ denen ihm jeder ein Lied vorsingen durfte, _____ dem Ulli dann nickte und manchmal auch applaudierte, was für den Betreffenden ein großer Erfolg war. In welcher Stadt auch immer die Plakate „Ulli Linnenbrink hört Lieder!" hingen, die Liedermacher rissen sich die Karten _____ den Händen. Linnenbrinks erste Platte, _____ der er nur leise atmete und gelegentlich etwas Beifall klatschte oder „Das war aber sehr schön" sagte, wurde ein Erfolg, der jede Liedermacherplatte in den Schatten stellte. „Und wie", fragte man ihn _____ einem Playboy-Interview, „wie sind Sie auf die Idee gekommen, Lieder zu hören?"

▶ „Tja", sagte Linnenbrink, „das kam so –", und dann erzählte er eine Geschichte von einer Gitarre, die _____ kaputtgegangen sei, worauf _____ aus Geldmangel nichts anderes übrig geblieben sei, als den anderen zuzuhören. Diese Geschichte war erfunden, da _____ sich einfach gut machte, in Wirklichkeit hatte Ulli Linnenbrink nie Gitarre gespielt und wusste auch nicht mehr, wie er draufgekommen war, Lieder zu hören, weil _____ _____ gar nichts besonderes dünkte. Natürlich fand _____ viele Nachahmer, die auch zu _____ in Kurse kamen, aber seltsamerweise minderte das den Ruhm und den Erfolg Linnenbrinks keineswegs. Darauf angesprochen, pflegte Ulli nur mit dem Kopf zu nicken und zu sagen: „Tja, _____ ist schon so, Liedermachen ist keine Kunst, aber Liederhören kann nicht jeder."

Der Liedtext zu Aufgabe 1.

Ein großes Ziel

Wie wunderschön das war,
noch ein Kind zu sein.
Das Spielen vor dem Haus,
warm der Sonnenschein.

Vorbei ist diese Zeit,
vor mir ein Leben weit, so
weit.

Wie wunderschön das war,
noch so klein zu sein.
So sorgenlos und frei,
nie mit Schmerz allein.

Vorbei ist diese Zeit,
vor mir ein Leben weit, so weit.

Ich hab im Leben,
ein großes Ziel.
Ich möcht euch geben,
besonders viel.
Ich möchte schrein,
dass mich alle hörn,
die störn.

Das Leben bringt so viel,
ich will alles sehn.
Ich habe nur ein Ziel,
jeden Freund verstehn.

Ich nehme mir die Zeit,
für Gutes stets bereit, gescheit.

Ich hab im Leben,
ein großes Ziel.
Ich möcht euch geben,
besonders viel.
Ich möchte schrein,
dass mich alle hörn,
die störn ...

... die störn!

6 Suchrätsel

Im Buchstabenkasten sind Namen, Liedertitel, Instrumente und andere Begriffe versteckt, die mit der Musik in *sowieso 3* zu tun haben. Zu jedem Bild gehören zwei Begriffe. Markiere sie und schreibe sie dann zum passenden Bild. Wenn du alle Wörter markiert hast, bleiben 12 Buchstaben im Kasten übrig. Sie bilden den Titel einer Oper von Mozart.

Achtung: – Du findest die Wörter in diesen Leserichtungen: → ← ↓ ↑
          – ß wird ss geschrieben

ⓐ ↓ _____ ⓑ → _____ ⓒ ← _____ ⓓ → _____

   → _____   ← _____   → _____   ↓

H	C	I	D	B	E	I	L	H	C	I	T	M	M	A	D	R	E	V
O	E	L	O	C	I	N	M	I	E	R	S	A	I	H	T	T	A	M
L	N	Z	A	U	L	I	E	D	E	R	M	A	C	H	E	R	U	F
I	E	B	E	S	A	L	Z	B	U	R	G	T	R	A	Z	O	M	L
V	Z	B	U	A	H	C	S	O	N	U	K	R	E	Z	L	A	W	Ö
E	N	R	F	S	T	U	M	M	E	G	E	I	G	E	N	L	E	T
R	A	S	T	E	A	N	D	I	E	S	E	R	Q	U	E	L	L	E
Ö	T	T	E	I	N	G	R	O	S	S	E	S	Z	I	E	L	T	E

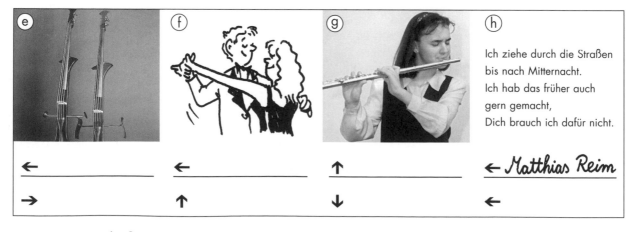

ⓗ Ich ziehe durch die Straßen
bis nach Mitternacht.
Ich hab das früher auch
gern gemacht,
Dich brauch ich dafür nicht.

← *Matthias Reim*

ⓔ ← _____ ⓕ ← _____ ⓖ ↑ _____

   → _____   ↑ _____   ↓ _____   ←

Die Mozartoper heißt: _____

sowieso extrablatt

Das *sowieso extrablatt* zum Arbeitsbuch findest du auf Seite 84–87. Lies die Aufgabe 1, bevor du mit der Arbeit beginnst. Mit den vier Aufgaben wirst du noch einmal die Lesestrategien trainieren.

1 Vor einem Wettkampf findet immer ein „Warm-up" statt, bei dem die Sportler ihre Strategien nochmals überprüfen und sich warm laufen. Du kannst jetzt hier das Gleiche tun.

1. Phase: Welche Strategie setzt du ein? Kreuze an, ohne die Texte vorher zu lesen.

Text	Aufgabe			
6	Du willst wissen, worum es im Artikel geht.			
14	Du willst herausfinden, wie dein „Wunschkandidat" für die Wahl aussehen müsste.			
7	Du möchtest wissen, wie viele Personen den Fragebogen ausgefüllt haben.			
11	Dich interessiert, wie das Mädchen angezogen war.			
9	Ein Freund, der kein Deutsch versteht, möchte wissen, was der Comic-Text sagt. Du übersetzt ihn deshalb in eure Muttersprache.			
4	Du willst wissen, wofür das Inserat Werbung macht.			

Alles klar? Kontrolliere mit dem Kasten rechts.

Express: 5, 6 • Schnüffel: 7, 11 • Detektiv: 9, 14

2. Phase: Lies die Texte mit den entsprechenden Strategien. Wie lauten die Lösungen zu den Aufgaben in Phase 1? Stoppe die Zeit, die du benötigst, um die Antworten zu finden. Vergleiche am Ende mit dem Kontrollkasten rechts.

Auswertung: Wenn du alles in weniger als 5 Minuten gelöst hast, bist du super. Du hast die Strategien im Griff. Wenn du mehr Zeit gebraucht hast, dann solltest du die Strategien noch einmal wiederholen, bevor du die Aufgaben 2–4 bearbeitest.

Kontrollkasten:
2 Autobahn-Raststätte - 6 Reiseausgaben der Deutschen im Ausland - 7 1200 Personen - 9 Sag deinem Freund er soll Deutsch lernen, dann geht es einfacher! - 11 Minirock und Poloshirt - 14 (Hoffentlich sitzt du nicht in der Wolke!)

2  Express-Strategie – Suche die passenden Zeitungsartikel.

Aufgabe/Frage   **Text**

a Welchen Beitrag suchst du gleich, wenn du gerne Rätsel löst? _____

b Welche Überschrift sagt etwas, das auch Mozart gesagt haben könnte? _____

c In welchem Beitrag geht es um den Bau eines Freizeitzentrums? _____

d Zu welchem Artikel könnte dieses Bild aus dem Kursbuch passen? _____

3 **Schnüffel-Strategie**

Text **Aufgabe/Frage**

a _5_ Welche Nummer hat die Autobahn, an der die Tankstelle
von Familie Trinkaus liegt?

b ____ Wie viel DM gaben ausländische Touristen 1995 in Deutschland aus?

☐1 69 Milliarden (Mrd.) DM ☐2 26 Mrd. DM ☐3 17,65 Mrd. DM ☐4 50 Mrd. DM

c ____ Ergänze den Text.

Die meisten Leute kauen ab und zu Kaugummi, damit sie keinen

_____ haben. Sie wählen ihren Kaugummi nach dem _____

aus. Nach dem Kauen werfen sie den Kaugummi

in den _____

d ____ Was fehlt?

```
( Gleichstellung der Frau )      (              )      ( Verkehrsmittel )

                          ( Wahlzeit-Themen )

( Sparmaßnahmen )      ( Umweltprobleme )      ( Waldsterben )
```

4 **Detektiv-Strategie**

Text **Aufgabe/Frage**

a ____ Schreibe die Statistik weiter.

Rang	Land	Kaufkraft
1	Schweiz	0,73 DM
2		
3		
4		

b ____ Vergleiche den folgenden
Text mit dem Zeitungsartikel.
Was ist anders?
Markiere und korrigiere.

Im „Traumlandpark" von Rastatt wurde das größte Herz der Welt nachgebaut. Es ist aus Beton, sieht
aber wie ein richtiges Herz aus und schlägt sogar! Die Besucher dürfen darin spazieren gehen,
denn es ist mit seiner Höhe von 15, seiner Breite von 12 und seiner Tiefe von 7,5 Metern so groß
wie eine Wohnung. Der Bau des Riesens dauerte ein halbes Jahr.

Text   **Aufgabe/Frage**

c _____ Ergänze die Tabelle anhand des Gedichts, wie im Beispiel.

Körperteile	Was wird vermisst?	Was geschieht trotzdem?
1 *Hände*	*Berührungen*	*spüren*
2		
3		
4		
5		

d _____ Ergänze die Textgrafik.

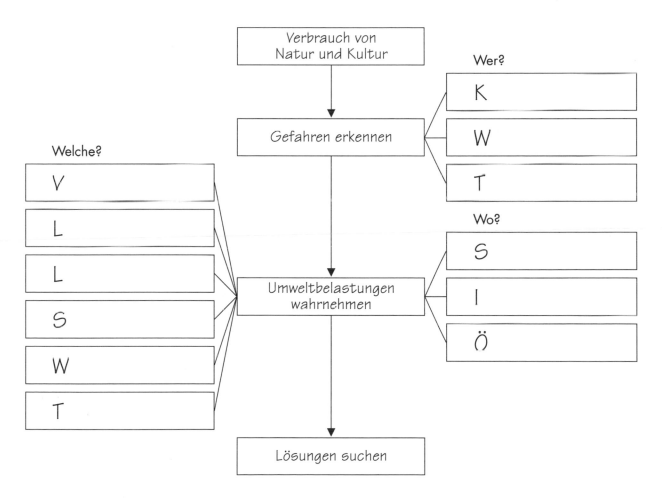

sowieso extrablatt

REISEN & UMWELT

① Langsamer und stetiger Verbrauch von Natur und Kultur

Heute erkennen nicht mehr nur die Kritiker und Wissenschaftler die Gefahren eines langsamen, aber stetigen Verbrauchs von Natur und Kultur. Alle am Tourismus Beteiligten scheinen konkrete Lösungen zu suchen. Dabei stehen bislang überwiegend Umweltaspekte im Vordergrund.

Die Bedeutung von Umweltaspekten im Urlaub für die Touristen ist in den vergangenen Jahren stark angestiegen. So konstatierte die jährliche Reiseanalyse des Studienkreises für Tourismus, die Urlaubsreisen der bundesdeutschen Bevölkerung seit über 20 Jahren detailliert unter die Lupe nimmt, zwischen 1985 und 1988 nahezu eine Verdoppelung bei der Wahrnehmung von Umweltbelastungen in den Reisegebieten. Für über die Hälfte aller Bundesdeutschen in Ost wie West ist das Image von Urlaubsländern durch Verkehrslärm, Landschaftsverbauung, Luft-verschmutzung, dreckige Strände, mangelnde Wasserqualität oder Touristenmassen gestört.

Der Blick auf die konkrete Situation im Urlaubsgebiet wird zunehmend kritischer. So sehen mittlerweile die bundesdeutschen Urlauber aus Ost und West gerade die Urlaubsländer im Ausland durch Tourismus bereits geschädigt, die seit vielen Jahren zu den Hauptzielen zählen: Spanien, Italien und Österreich.

②

Eberhard Holz

③ Schweiz für Deutsche teuerstes Urlaubsland

(sda) Italien bleibt das preiswerteste Reiseland für deutsche Touristen, die ihre Winterferien in den Alpen verbringen wollen. Teuerste Alpendestination bleibt für Mark-Verdiener die Schweiz.

Wie der Bundesverband deutscher Banken am Donnerstag in Köln mitteilte, sichern sich Italien-Reisende beim Umtausch von Mark in italienische Lire derzeit einen Kaufkraftvorteil von mehr als 20 Prozent: Für eine Mark können deutsche Touristen in Italien Waren und Dienstleistungen kaufen, die in Deutschland 1,21 Mark kosten.

Während Frankreich und Deutschland nahezu gleich teuer sind, ist die Mark in Österreich umgerechnet nur 89 Pfennig wert. Teuerstes Reiseland für deutsche Alpentouristen ist weiterhin die Schweiz. Bei den Eidgenossen erhalten deutsche Touristen für eine „Urlaubermark" Waren und Dienstleistungen im Gegenwert von nur gerade 73 Pfennig.

⑥ Am liebsten nach Italien

Rund 69 Milliarden Mark haben deutsche Urlauber und Geschäftsleute im vergangenen Jahr bei ihren Reisen ins Ausland ausgegeben, zweieinhalb Prozent mehr als 1994.

Italien, Österreich und Spanien sind die beliebtesten Reiseländer der Bundesbürger. Hier lassen sie das meiste Geld, nämlich zusammengenommen fast 26 Milliarden Mark, also deutlich mehr als ein Drittel der Gesamtsumme, die Deutsche auf ihren Auslandsreisen ausgeben.

Umgekehrt gaben ausländische Reisende in der Bundesrepublik 1995 nur rund 17,65 Milliarden Mark aus. Die deutsche Reiseverkehrsbilanz (deutsche Ausgaben im Ausland minus Ausgaben von Ausländern in Deutschland) wies danach ein Minus von über 50 Milliarden Mark aus.

FORSCHUNG & TECHNIK

⑦ Die Kaugummiforscher von Appenzell

⑧

Im Rahmen des 30. Wettbewerbs „Schweizer Jugend forscht" haben sich Reto Baumberger und Markus Seeger von der Klasse 12 mit einer Forschungsarbeit zum Thema „Kaugummi in unserer Gesellschaft" die höchste Auszeichnung, nämlich das Prädikat „hervorragend" geholt.

Das Ziel von Markus und Reto war es, mit einer umfassenden Statistik das Phänomen Kaugummi zur Darstellung zu bringen. Bisher existierte in der Schweiz noch keine Umfrage, die wichtige einschlägige Fragen beantwortet hätte. Also mussten Markus und Reto selber einen Fragebogen auf Deutsch und Französisch erstellen, der schließlich von über 1200 Personen der verschiedensten Alterskategorien ausgefüllt wurde und den sie mittels einer Excel-Datei auswerteten. Verblüffende Resultate waren der Lohn ihrer Arbeit.

Foto: H. Nell

Die beiden Jungforscher Reto Baumberger (rechts) und Markus Seeger (links) an ihrem Arbeitsplatz

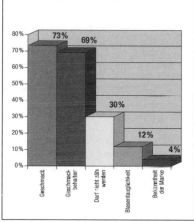

HERZIG

Das größte Herz der Welt schlägt in Bottrop! Es ist so groß wie ein Wohnhaus – 12 Meter hoch, 15 Meter breit und 7,5 Meter tief – und aus Beton. Ein ganzes Jahr brauchte man, um das Herz naturgetreu nachzubauen. Jetzt steht es im „Traumlandpark". Die Besucher können im Innern spazieren gehen und dabei den Herzschlag des Betonriesen hören!

⑨ Die vollautomatische Autowaschanlage

MUSIK & LIEBE

⑩ Das Klavier, mein Freund

Florence ist siebzehn und hat letztes Jahr den Schweizerischen Jugendmusikwettbewerb gewonnen. Sie erbrachte eine derart hervorragende Leistung, dass sie von der Jury besonders gelobt wurde. Niemand wurde neidisch, schließlich gilt Musizieren nicht als schulische, sondern als freizeitliche, kulturelle Leistung. Man freut sich über das schöne Spiel der jungen Frau, sagt sich aber: Sie hat eben schon als Fünfjährige musiziert. Ist ja auch keine Sache, wenn der Vater Lehrer am Konservatorium ist.

Gewiss, zu Hause standen immer Vaters Klarinette, Saxophon und Posaune herum. Aber Florence drängte es ans Klavier, die Eltern haben sie nicht dahin gestoßen. „Sonst würde es mir gar nicht so viel Freude machen", lautet Florences Überzeugung. Entscheidend sei für sie die Freude und nur die Freude.

Wenn sie spielt, ist sie abwesend. „Dann ist mein Klavier wie ein Freund, mit dem ich im Dialog stehe über Barock, Romantik oder Moderne, über Bach, Mozart oder Ravel."

Mit fünf nahm sie das erste Mal Klavierunterricht, mit zehn folgte der erste Wettbewerb.

Florences Schulnoten sind nach ihren eigenen Angaben eher durchschnittlich. Sie lernt viel für die Schule und

so fällt sie dort nicht besonders auf. Schule und Musik seien eben zwei getrennte Welten, sie führt eine Art Doppelleben.

Die Klassenkameraden hören nicht Klassik wie sie, sondern Techno, Pop und Rock, so dass Florence wenig Gemeinsamkeiten mit ihnen hat. Ihre besten Freundinnen und Freunde kennt sie vom Konservatorium, doch die sind alle gegen fünf Jahre älter als sie. „Auch das ist kein Problem für mich", erklärt Florence.

⑬ Wie macht man ein Mädchen an?

KENNWORT: MUTLOS (19, M)
Ich bin 19-Jährig und habe noch keine Erfahrung mit Mädchen. Eines gefällt mir besonders gut, es ist auch freundlich zu mir, aber ich weiß nicht, wie man es anmacht zur Liebe. Ich habe einfach den Mut nicht. Wenn ich mit meinen Kollegen darüber spreche, lachen sie mich nur aus. Wissen Sie mir einen Rat?

Isabelle meint:
Möglichkeiten gibt es da eine Menge, wo man sich ein bisschen näher kommt. Zum Beispiel im Kino, wo Sie versuchen könnten, im passenden Moment (Krimi oder Horrorfilm) Ihren Arm schützend um ihre Schulter zu legen. Oder in einer Disco, wo man sich ganz legal anfassen darf. Auch bei einem abendlichen Spaziergang am See sollte es möglich sein, Ihrer Flamme den Arm anzubieten, sich selbst einzuhängen oder nach ihrem Händchen zu angeln. Sie sollten

nicht zu viel darüber nachdenken, sondern schlicht Ihrem momentanen Impuls nachgeben. Sie werden schnell merken, ob Sie willkommen sind oder nicht. Dass Ihnen „der Mut fehlt", hängt genau damit zusammen: Sie haben noch nicht gelernt, „Körbe", also Niederlagen, bei der Anmache einzustecken. Und davor haben Sie Angst.

⑪ Schlotternde Knie

Ich war zu einer Party eingeladen. Wie immer saßen meine Freundin und ich vor dem Kleiderschrank und berieten, was wir anziehen sollten. Ich entschloss mich für Minirock und Poloshirt, weil die meisten damals Mini trugen. Aber, oh Schreck, ich war diesmal die einzige! Es „gurkte" mich total an, darum verzog ich mich nach draußen. Aber dort wurde es mir zu kalt und ich ging wieder hinein. Da fiel mir ein Junge auf. Er stand alleine herum, seine Kollegen waren am Tanzen. Ich lief mit kleinen Schritten (Minirock!) zu ihm hin und bat ihn zu diesem einen Tanz. Doch daraus wurden fünf. Irgendwie klebten wir aneinander. Er ließ mich fast nicht mehr los. Ich weiß auch nicht mehr, wie das geschah, aber bald waren unsere Köpfe so nahe beisammen, dass die Ohren wie Saugnäpfe aufeinander gepresst waren. Während des fünften Tanzes sagte ich zu ihm, ich müsse aufs Klo. Dort musste ich mich zuerst einmal beruhigen. Mir schlotterten die Knie und mein Herz klopfte wie wild.

⑫ Wann ist es Liebe?

Wann ist es Liebe?
Ich habe dich gesehen,
mit dir gesprochen,
dich gespürt
und dir zugelächelt.
Liebe?
Wann ist es Liebe?
Meine Hände vermissen
die vielen Berührungen
und können sie
doch spüren.
Meine Augen vermissen
deinen strahlenden Blick
und können ihn
trotzdem sehen.
Mein Mund vermisst
das verliebte Gespräch
und will es
wiederholen.
Meine Nase vermisst
deinen Körpergeruch
und kann ihn
trotzdem riechen.
Meine Ohren vermissen
dein mitreißendes Lachen
und hören es
doch immer wieder.
Meine Sinne spielen verrückt
– ist das Liebe?
Katja, 16

UMFRAGE- & DENKECKE

⑭ Wahlzeit-Umfrage

1 Wo sollte der Staat nach deiner Meinung sparen?
A Beim Militär
B Beim Straßenbau
C Beim öffentlichen Verkehr
D Im Sozialwesen
E Wieso sparen?

2 Die Entwicklungshilfe an arme Länder …
A muss ausgebaut werden.
B soll im bisherigen Ausmaß weiterlaufen.
C muss gekürzt werden.
D Wir haben dringendere Probleme.
E Und wer hilft mir?

3 Wie geht es der Umwelt?
A Schlechter denn je.
B Bedenklich.
C Gar nicht so schlecht.
D Gut.
E Es grünt so grün …

4 Atomenergie
A muss durch umweltfreundlichere Energien ersetzt werden.
B ist langfristig keine Alternative.
C benötigen wir für unseren Strombedarf.
D sollte noch vermehrt genutzt werden.
E Strahlende Zeiten

5 Wer sagt, das Waldsterben ist immer noch ein Problem, ist …
A optimistisch.
B realistisch.
C pessimistisch.
D ein/eine Schwarzmaler(in).
E ein Förster.

6 Die Gleichstellung der Frau …
A ist auf vielen Gebieten längst nicht erreicht.
B ist in einigen Bereichen noch nicht vollzogen.
C ist erreicht.
D ist mehr als erreicht.
E Und wer macht den Abwasch?

7 Welches ist die richtige Drogenpolitik?
A Kontrollierte Abgabe von harten Drogen, Entkriminalisierung des Drogenkonsums
B Vorsichtige Ausweitung des Drogenprogramms
C Harte Linie, aber geringe Strafen für Konsum
D Strengere Gesetze, hohe Strafen für Verkauf und Konsum
E Megaout

8 Wie bewegst du dich fort?
A Fahrrad
B Bahn/Bus
C Vorwiegend Auto
D Nur Auto
E Bewegung macht müde.

AUSWERTUNG

Vorwiegend A- und B-Antworten
Wunschkandidat(in) bei dir zu sein, heißt soziale Anliegen vertreten. Die Gleichstellung von Mann und Frau muss ein Thema sein. Der Natur geht es schlecht, sie braucht dringend Hilfe. Um die soziale Gerechtigkeit aufrecht zu erhalten, brauchen wir einen starken Staat, der zudem Umweltsünder(inne)n auf die Finger schaut.

Vorwiegend B- und C-Antworten
Deine Wunschkandidat(inn)en vertreten die Rechte der Natur und der schwächeren Glieder der Gesellschaft. Da es aber mit der Bundeskasse und unserer Wirtschaft nicht zum besten steht, müssen wir auch in diesen Bereichen sparen, was schmerzhaft sein kann. Die Gleichstellung von Frau und Mann ist auf guten Wegen.

Vorwiegend C- und D-Antworten
Kandidat(inn)en nach deinem Geschmack vertreten vor allem die Interessen der Wirtschaft, nur wenn es der Wirtschaft gut geht, geht es uns allen gut. Staatliche Zwänge sind abzubauen. Auch im Sozialwesen sind Abstriche unumgänglich. Der Umweltschutz ist zwar ein Thema, die Probleme sind allerdings nicht so groß, wie vielerorts dargestellt.

Vorwiegend E-Antworten

---

⑮

A Wenn man die Buchstaben auf den Visitenkarten anders anordnet, erfährt man den Beruf der vier Personen.

BEAT WERTER ULM

ROSARITA EIBE LINZ

MARK ÜFAU BONN

PIA NEISSEL CHUR

B Sieben Freunde wollen sich zum Abendessen treffen. Das ist aber sehr schwierig. Der Erste hat jeden Tag Zeit. Der Zweite nur jeden zweiten Tag, der Dritte jeden dritten Tag, der Vierte jeden vierten Tag, der Fünfte jeden fünften Tag, der Sechste jeden sechsten Tag und der Siebte jeden siebten Tag. Wann treffen sich endlich alle zum Abendessen?

Lösungen: A 1. Umweltberater; 2. Sozialarbeiterin; 3. Bürokaufmann; 4. Schauspielerin. **B** Alle 420 Tage

5 Würfelspiel

Endlich am Ziel!

DiesesWürfelspiel führt dich durch das Kursbuch und das Arbeitsbuch von *sowieso 3*. Du kannst es alleine, aber auch mit anderen spielen. Die Lösungen und die Auswertung findest du auf Seite 89 unten.

Spielregeln, wenn du alleine spielst:
1. Du würfelst, z.B. eine Vier, und gehst auf Feld 4. Wenn du die Aufgabe lösen kannst, bekommst du vier Pluspunkte. Wenn nicht, dann bekommst du vier Minuspunkte. (Löse die Aufgaben im Heft!)
2. Du würfelst wieder, diesmal z.B. eine Drei. Du gehst drei Felder weiter. Wenn du jetzt die Aufgabe löst, bekommst du 3 Pluspunkte, wenn nicht, 3 Minuspunkte.

3. Ziel des Spiels ist es, im Ziel mit möglichst vielen Punkten anzukommen.

Spielregeln, wenn ihr zu zweit oder dritt spielt:
Wie oben, aber: Wer zuerst im Ziel ist, bekommt 6 Sonderpunkte. Wer die meisten Punkte hat, gewinnt.

9. Bei welchen Konjunktionen steht das Verb am Ende:
aber, obwohl, denn, weil **?**

10. Ergänze:
In Deutschland lebten 1996 fast … Millionen Türken.

19. Redensart, wenn jemand in einer unangenehmen Situation ist:
Er … zwischen zwei …

20. Ergänze:
Wenn ich mehr lernen …, hätte ich bessere Noten!

1. 10 Wörter, 2 Gruppen; zwei Wörter sind die Oberbegriffe:
Bildschirm, erkältet, schlecht, Computer, Krankheit, Maus, programmieren, Fieber, Halsschmerzen, Tastatur

8. Verbinde die zwei Sätze zu einem mit *nachdem*:
Die DDR öffnete 1989 die Mauer. Viele DDR-Bürger gingen in den Westen.

11. Was heißt:
sich den Kopf zerbrechen?
a etwas Falsches denken
b viel nachdenken
c Kopfschmerzen haben

18. Schreibe einen Satz mit *einerseits – andererseits*:
man / Müll / vermeiden sollen / viele Einwegverpackungen / gekauft werden

21. „Spaghetti für zwei" – Warum hat Heinz nur eine Gemüsesuppe genommen?

2. Ergänze im Konjunktiv II:
… es in Deutschland keine Ausländer mehr gäbe, … die Industrie nicht mehr so viel produzieren.

7. Passiv Perfekt – ergänze:
● Warum kommst du zu Fuß? ○ Mein Moped ist letzte Woche gestohlen …

12. Ergänze:
Renja hat ihr Praktikum in einem … gemacht.

17. Welche Vorsilben sind nicht abtrennbar?
verbieten, abfahren, zerstören, erfinden

3. In welchem europäischen Land gab es Ende 1995 die wenigsten arbeitslosen Jugendlichen?

6. Ergänze:
● Ich bereite mich heute auf den Mathetest vor.
○ D… habe ich mich schon gestern vorbereitet.

13.Verbinde die zwei Sätze zu einem:
Der Film war langweilig. Ich habe den Film gestern mit meinem Freund gesehen. – Der Film, …

16. Wozu braucht man einen Föhn?

4. Verbinde die zwei Sätze zu einem.
Florian hat das Praktikum im Krankenhaus gefallen. Er will später medizinisch-technischer Assistent werden. – Florian, dem …

5. Ergänze:
Sema hat ihren eigenen Friseurladen. Sie hat sich … gemacht.

14. Zwei Tiere:
Eins schnurrt und miaut, das andere kräht.

15. Ergänze:
● … hast du das Buch gekauft? ○ Für meine Freundin.

25. Ergänze:
... 1965 gibt es „Jugend forscht".

26. Adjektivsuffixe:
Ein Getränk ohne Alkohol ist ...
Am Sonntag ist schul...

33. Arbeiten im Haushalt:
Das Putzen, das W... und das B...

34. Der längste Fluss in Österreich?

24. Passiv Präteritum – ergänze:
Früher ... viele Briefe geschrieben. Heute telefonieren die meisten.

27. Ergänze:
Ich habe letzte Woche ein Passfoto machen ...

32. Schreibe den Satz mit obwohl:
Trotz der Information der Bevölkerung steigt der Konsum von Getränkedosen.

35. Ergänze:
In Deutschland machen viele Schüler in der Klasse ... oder ... ein Betriebs...

23. Wozu fahren viele Touristen im Winter in die Berge?

28. Verbinde die zwei Sätze zu einem:
Der Junge geht jetzt auf eine andere Schule. Ich habe neben dem Jungen lange gesessen.

31. Indefinitpronomen in Paaren: ... – niemand; alles – ...

36. Ergänze:
Trotz ...(der Regen) ist er zu Fuß zur Arbeit gegangen.

39. Wer hat das Gedicht „Fragen eines lesenden Arbeiters" geschrieben?

22. Ergänze:
o ... denkst du jetzt?
● An den nächsten Urlaub.

29. Was gibt es auf dem Bauernhof selten? Kühe melken, Tiere füttern, spät aufstehen, Früchte ernten.

30. Genitiv – ergänze:
Daniel... Hund heißt Fredo. Der Film heißt „Der Name ... Rose".

37. Verbinde die zwei Sätze zu einem.
Ich habe das Lied gerade im Radio gehört. Der Sänger des Liedes heißt Matthias Reim.

38. Nenne drei Parteien, die 1996 im Deutschen Bundestag waren.

Lösungen

1. Computer: Bildschirm, Maus, programmieren, Tastatur; Krankheit: erkältet, schlecht, Fieber, Halsschmerzen.
2. Wenn ..., würde/ könnte
3. Dänemark
4. Florian, dem das Praktikum im Krankenhaus gefallen hat, will später medizinisch-technischer Assistent werden.
5. selbständig
6. Darauf
7. worden
8. Nachdem die DDR 1989 die Mauer geöffnet hatte, gingen viele DDR-Bürger in den Westen.
9. obwohl, weil
10. 2 Millionen (1,918)
11. b
12. Kindergarten
13. Der Film, den ich gestern mit meinem Freund gesehen habe, war langweilig.
14. Katze, Hahn
15. Für wen
16. Einen Föhn braucht man, um die Haare zu trocknen.
17. ver-, zer-, er-
18. Einerseits soll man Müll vermeiden, andererseits werden viele Einwegverpackungen gekauft.
19. Er sitzt zwischen zwei Stühlen.
20. würde
21. Weil er wenig Geld ausgeben wollte.
22. Woran
23. Um Ski zu fahren.
24. wurden
25. Seit
26. alkoholfrei; schulfrei.
27. lassen.
28. Der Junge, neben dem ich lange gesessen habe, geht jetzt auf eine andere Schule.
29. spät aufstehen
30. Daniels; „Der Name der Rose".
31. jemand; nichts
32. Obwohl die Bevölkerung informiert ist, steigt der Konsum von Getränkedosen.
33. Das Putzen, das Waschen und das Bügeln.
34. Donau
35. 9 oder 10; Betriebspraktikum.
36. ... des Regens (dem Regen)
37. Der Sänger des Liedes, das ich gerade im Radio gehört habe, heißt Matthias Reim.
38. Bündnis 90/Die Grünen, SPD, CDU, FDP, PDS
39. Bertolt Brecht

Auswertung

40–50 Punkte: Du bist Spitzenklasse! ● 30–39 Punkte: Du kommst in den deutschsprachigen Ländern gut zurecht. ● 20–29 Punkte: Sieh dir die Aufgaben und Lösungen zum Spiel noch einmal an und spiele dann morgen noch einmal. ● Unter 20 Punkte: Du solltest systematisch wiederholen! Oder hast du nur Pech beim Würfeln gehabt? Versuch es morgen oder übermorgen noch mal.

6 Für Freunde der Grammatik – Lies den Beispielsatz und ergänze dann die Satzmuster mit den Elementen aus dem Kasten.

Was	würdest	du	tun,	wenn	du	kein Geld	hättest
Fragewort	Verb Konjunktiv II	Personal-pronomen	Verb (Infinitiv)	Konjunktion	Personal-pronomen	Ergänzung (Akkusativ)	Verb Konjunktiv II

dem · Auto · Deutsch, · in · Deutschland · mein · Freund · gebracht. · Gestern · nach · Hause Ich · lerne · mit · sie · weil · wohnt. · wurde ·

Personal-pronomen	Verb (Präsens)	Ergänzung (Akkusativ)	Konjunktion	Ergänzung (Nominativ)	Ortsangabe	Verb (Präsens)

Zeitangabe	Verb (Präteritum)	Personal-pronomen	Präposition (+ Dativ)	Ergänzung (Dativ)	Ortsangabe	Verb (Partizip II)

7 Lies folgende Texte. Was für Textsorten sind das? Es ist eine Redewendung und der Text eines Comics dabei. Die Lösung und einige Originaltexte findest du auf Seite 92.

a Wenn das Wörtchen „wenn" nicht wär, wäre ich schon Millionär.

b Jodeln zu lernen ist gar keine Kunst. … Man muss nur Schuhe anziehen, die zwei Nummern zu klein sind, … dann geht es von selbst.

c Tut's weh? Fenistil gel wirkt lindernd auf die gereizte Haut.

d … so wird's gemacht: Milch lauwarm werden lassen. Die Butter oder Margarine schmelzen …

e Entdeckung! Zweite Chinesische Mauer. Peking – Konkurrenz für die Chinesische Mauer. Archäologen machten einen sensationellen Fund in der Inneren Mongolei. Sie entdeckten eine zweite Chinesische Mauer, die noch größtenteils verschüttet ist …

f NASA-Plan: Erster bemannter Flug zum Mars. Also doch: Bald werden Menschen auf dem Mars rumlaufen. Die US-Weltraumbehörde NASA plant den ersten bemannten Flug zum 55 Millionen Kilometer entfernten Mars. Innerhalb der nächsten 8 Jahre könnten 6 Astronauten auf die mindestens 6 Monate lange Reise durchs All geschickt werden …

8 Markiere nun die Verben in den Texten und schreibe dann zu jeder Form unten mindestens ein Beispiel aus den Texten in die Liste.

Präsens: c) wirkt _____   Futur: _____

Perfekt: _____   Passiv: _____

Präteritum: _____   Infinitiv: _____

Konjunktiv II: _____   Partizip I: _____

9 Ein Zeitungsbericht – Bei jedem zweiten Wort fehlt die Hälfte oder ein Buchstabe mehr als die Hälfte. Ergänze die Wörter.

Nur jedes dritte Kind hilft gern im Haushalt oder beim Einkaufen

„Das Leben als Jugendlicher wäre richtig gut, wenn es die blöden Arbeiten im Haushalt nicht

gäbe", schreibt ein 15 Jahre alter Gymnasiast. „Was ha_____ Kinder u_____

Jugendliche eigen_____ getan, da_____ sie na_____ den vie_____

Stunden i_____ der Sch_____ und na_____ den Hausau_____ auch

no_____ Teller abwa_____ müssen?"

Au_____ eine 16-jäh_____ Schülerin bek_____ sich: „We_____ ich

über_____, was i_____ alles i_____ Haushalt mac_____ muss,

da_____ habe i_____ zwei Ber_____: erstens Haus_____, zweitens

Schü_____. Allerdings mu_____ ich sa_____, dass m_____ meine

Elt_____ zusätzliches Tasch_____ geben, we_____ sie j_____ keine

Putz_____ bezahlen mü_____ ."

Tipps eines 15-Jährigen: „Um Eltern abzugewöhnen, uns als Haushaltskraft zu missbrauchen, empfehle ich, alle Arbeiten wie Kochen, Spülen, Staubsaugen, Aufräumen so nachlässig und unordentlich wie möglich zu machen, dass die Eltern es von selbst einsehen, wir sind dafür ungeeignet. Euer ehemaliger Tellerwäscher und Bettenmacher." (Nach: Frankfurter Neue Presse, 27.9.1996)

10 65 Wörter und 5 Themen – Suche zuerst die 5 Oberbegriffe im Kasten und ordne dann die Wörter zu. Ergänze bei den Nomen auch die Artikel. Manche Wörter passen zu mehreren Themen.

Flugzeug · schneien · Straßenbahn · Segeln · Schiff · Musiker · Bahn · Mofa · Baumwolle · einfarbig · Rad fahren · Intercity · regnen · Schauer · Wind · Wärme · Himmel · Wolken · sonnig · neblig · kalt · Sport · Kleidung · heiß · heiter · Taxi · bedeckt · Fahrrad · Prognose · Freizeit · Sängerin · Hause · elegant · Mannschaft · Konzert · Text · Lied · Verkehrsmittel · spielen · machen · hören · Instrument · Star · Wetter · bequem · modisch · bunt · weit · Natur · gestreift · Stoff · kariert · Musik · Gewitter · Nacht · eng · Kälte · schwimmen · jugendlich · frieren · altmodisch · Sonderangebot · aktiv · treffen · Schuhe

Wetter				
neblig				

11 Die Clique oder gute Freunde – was ist wichtiger?
Vier Jugendliche sagen ihre Meinung zu
diesem Thema. Höre die Kassette und
kreuze an.

	Clique	Freunde
Stefan (17)		
Sybille (16)		
Peter (16)		
Helen (17)		

12 Höre die Kassette noch einmal. In der folgenden Tabelle sind zwei Fehler. Welche?

	Was	Wann
Stefan, 17	in der Musikgruppe der Schule spielen	2–3-mal pro Woche
Sybille, 16	sich im Schülercafé treffen, ins Kino / in die Disco gehen, Tennis spielen	mittags/abends
Peter, 16	Volleyball spielen, etwas essen gehen	1-mal pro Woche
Helen, 17	Gespräche führen, sich zu Hause treffen, einkaufen, auf Partys, auf den Markt gehen	jede Woche

13 Welche Hörstrategien hast du bei den Aufgaben 11 und 12 benutzt?

Aufgabe 11			
Aufgabe 12			

Einige der Texte zu Aufgabe 8 im Original

e **Entdeckung! Zweite Chinesische Mauer**

PEKING – Konkurrenz für die Chinesische Mauer.

Archäologen machten einen sensationellen Fund in der Inneren Mongolei. Sie entdeckten eine zweite Chinesische Mauer, die noch grösstenteils
verschüttet ist. Die Befestigungsanlage
mit Wachttürmen, Forts und Gräben
schlängelt sich auf 5000 Kilometern
vom Nenjiang-Fluss bis zur mongoli-
schen Stadt Baotou. Der nomadische
Volksstamm der Nuzhen soll die Mauer
im 12. Jahrhundert in der Rekordzeit
von rund 75 Jahren errichtet haben.

f **NASA-Plan: Erster bemannter Flug zum Mars**

Also doch: Bald werden Menschen auf
dem Mars rumlaufen. Die US-Weltraumbehörde NASA plant den ersten
bemannten Flug zum 55 Millionen Kilometer entfernten Mars. Innerhalb
der nächsten 8 Jahre könnten 6 Astronauten auf die mindestens 6 Monate
lange Reise durchs All geschickt werden. Projektleiter Eric McHenry: „Ob
es wirklich Leben auf dem roten Planeten gab, können nur Menschen fest-
stellen – Roboter allein genügen
nicht." Derzeit ist ein NASA-Satellit
zum Mars unterwegs, der aus einer
Umlaufbahn erste Daten zur Erde fun-
ken soll.

Lösung zu Aufgabe 8:
a Redewendung
b Comic-Text
c Werbung
d Kochrezept
e Zeitungsnotiz
f Zeitungsnotiz

Systematisch Lernen lernen

„Wenn ich nur mehr Zeit hätte!" Diesen Satz hört man von vielen Menschen. Die meisten Menschen haben nicht genug Zeit. Schon Schüler sind oft unter Stress. Viele wissen aber nicht, warum das so ist. Eine Hilfe kann es sein, wenn man über die „Zeitdiebe"nachdenkt. Das sind die vielen Kleinigkeiten, bei denen man viel „Zeit" verliert, die uns die Zeit stehlen. Mache den folgenden Selbsttest. Was stimmt auch für dich? Überlege, was du gegen die „Zeitdiebe" tun kannst.

1   Ein Test – Bewerte die Sätze von ++ (stimmt 100%) bis –– (stimmt nicht).

Wie verliere ich Zeit?

	++	+	+–	–	––
Ich telefoniere zu oft und zu lange mit meinen Freunden und Freundinnen.					
Ich sitze zu oft vor dem Fernseher oder vor dem Computer und spiele.					
Ich fange zu spät mit unangenehmen Arbeiten an.					
Ich habe viele Hobbys und komme nicht dazu, für die Schule zu arbeiten.					
Ich muss oft nach etwas suchen, weil ich keine Ordnung halte.					
Ich bekomme oft Besuch und lasse mich dadurch leicht ablenken.					
Ich höre oft Musik. Dadurch brauche ich länger für die Aufgaben.					
Ich arbeite meistens ohne Plan und komme nur sehr langsam vorwärts.					
Ich konzentriere mich nicht genug auf die wichtigen Aufgaben und mache viele Dinge, die nebensächlich sind.					
Ich kann nur sehr schwer „nein" sagen, wenn andere mich von der Arbeit abhalten.					
Ich arbeite nur unter Zeitdruck. Dadurch bekomme ich oft Angst und bin gestresst.					

2 **Prioritäten: Was ist wichtig? Was kommt zuerst, was danach und was hat Zeit? Lies die Geschichte.**

Der 25 000-Dollar-Scheck

Charles Schwab, der Präsident eines großen Stahlkonzerns fragte Ivy Lee, seinen Berater: Zeigen Sie mir die Art und Weise, wie ich meine Zeit sinnvoller einteile und ich zahle Ihnen ein gutes Honorar. Die Antwort war folgende:

Schreiben Sie die wichtigsten Dinge auf, die Sie morgens zu erledigen haben und nummerieren Sie sie nach ihrer Priorität. Fangen Sie mit Aufgabe Nr. 1 an und bleiben Sie daran sitzen, bis sie fertig ist. Überprüfen Sie noch einmal alle Aufgaben nach ihrer Priorität und fangen Sie dann mit Aufgabe Nr. 2 an. Bleiben Sie an ihrer Aufgabe, auch wenn Sie sehr viel Zeit brauchen. Versuchen Sie, diese Methode zur Gewohnheit zu machen. Wenn Sie damit Erfolg gehabt haben, dann geben Sie das System an Ihre Mitarbeiter weiter.

Nach einigen Wochen erhielt Lee von Charles Schwab einen Scheck über 25 000 Dollar mit der kurzen Notiz, dass diese Lektion die gewinnreichste gewesen sei, die er jemals gelernt habe.

Lerntipp   Plane deine Zeit. Überlege, was wichtig ist.
Lege eine Reihenfolge für deine Arbeiten fest, bevor du anfängst zu arbeiten.

Falsch: Zuerst mit der leichten Arbeit beginnen und das Schwierige an den Schluss verschieben.

Richtig: Wenn man frisch ist, mit den schwierigen und unangenehmen Aufgaben beginnen. Mechanische Aufgaben, z. B. Aufräumen oder Einkaufen usw. kannst du machen, wenn du ein wenig müde bist und dein Kopf eine Pause braucht.

3 **Die 80%–20%-Regel.**

Wenn man alle Aufgaben nach Prioritäten ordnet und wenn man dann die ersten 20% erledigt hat, dann hat man schon 80% des Erfolgs sicher. Umgekehrt gilt das leider auch: Wenn du 80% von deinen Aufgaben gemacht hast, aber die wichtigsten noch nicht, dann hast du trotzdem nur wenig Erfolg. Also: Mache dir eine Liste mit den Aufgaben, die du bearbeiten musst.

> **Die schwächste Tinte ist besser als das beste Gedächtnis.**

(Chinesisches Sprichwort)

4 **Die *To-do*-Liste für die Hosentasche.**

Ein einfacher Vorschlag, wie man Prioritäten festlegt und nicht so schnell vergisst.

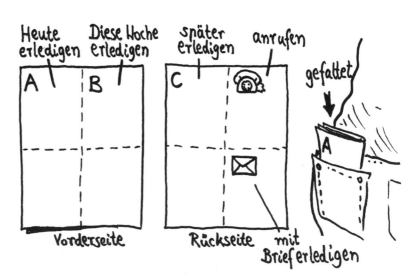

– Unter A schreibst du alles auf, was du unbedingt heute erledigen musst.
– Unter B schreibst du alles auf, was du in dieser Woche erledigen musst.
– Unter C schreibst du andere Dinge auf, die du nicht vergessen willst.
– Wenn du willst, kannst du auch aufschreiben, wen du anrufen und was du schreiben musst.

Vorteile einer *To-do*-Liste.

– Du notierst alles, was du erledigen musst auf einem einzigen Blatt.
– Du brauchst nicht viele Zettel, die du vielleicht verlierst.
– Du hast einen guten Überblick und weißt, was du noch machen musst.
– Du kannst neue Ideen und Bemerkungen sofort festhalten.
– Du sparst Zeit und Energie, weil du nicht mehr so viel vergisst.
– Du weißt sofort, was am wichtigsten ist, und kannst deine Zeit planen.
– Du erreichst mehr Ziele als vorher.

5   Wiederholen ist besser als Büffeln.

Sieh dir die beiden Zeichnungen an. Kannst du eine Regel formulieren? Im Kasten findest du Hilfe.

wiederholen · alles · Regelmäßig · als · ist · einmal · lernen. · auf · besser · zu

Eine Regel sagt, dass man von einem bestimmten Lernstoff folgendes behält:

24mal wiederholen in 1 Tag:	ca. 40%
24mal wiederholen in 2 Tagen:	ca. 50%
24mal wiederholen in 3 Tagen:	ca. 60%
24mal wiederholen in 4 Tagen:	ca. 70%
24mal wiederholen in 6 Tagen:	ca. 80%
24mal wiederholen in 12 Tagen:	ca. 90%

Ein gutes Mittel gegen das Vergessen ist also das Wiederholen in bestimmten Zeitabständen. Am besten am 2., 8. und 30. Tag. Probier es einmal aus. Wenn du Erfolg hast, hat es sich schon gelohnt (auch ohne 25 000-Dollar-Scheck).

Lernen

Viele Schüler und Schülerinnen wissen zwar, wie sie lernen und arbeiten sollten, aber sie haben Probleme, die Lerntechniken und Lerntipps regelmäßig anzuwenden. Manche denken, dass es zu viel Arbeit ist, Wörter auf Karten zu schreiben, andere vergessen wieder, dass sie den neuen Wortschatz nur dann behalten, wenn sie ihn systematisch wiederholen und anwenden. Lerntraining ist wie Jogging. Beim ersten Mal tun alle Muskeln weh, aber mit der Zeit wird es immer besser.

Lerntipp ▶   Fang mit dem Training an und kontrolliere dich jeden Tag.

6   **Selbsttest: Was machst du mit den Lerntipps?**
     Wie oft arbeitest du damit?

	regelmäßig	selten	gar nicht
Ich arbeite mit einer Wortschatzkiste.			
Ich habe keine Wortschatzkiste, aber ich arbeite mit Wortkarten.			
Ich mache mir Übungen selbst.			
Ich mache zur Grammatik Lückensätze auf Karten.			
Ich wiederhole regelmäßig und mit System.			
Ich höre die Kassetten und mache mir dabei Notizen.			
Ich lese deutsche Zeitungen und Zeitschriften so oft es geht.			
Ich höre die Kassetten, stoppe und spreche Sätze nach.			
Ich plane meine Hausaufgaben.			
Ich schreibe zu Hause Wörter, Sätze und kurze Texte ab und vergleiche mit dem Kursbuch und dem Arbeitsbuch.			
Ich markiere bei Wörtern und Sätzen den Wort- und Satzakzent.			
Ich lese Wörter, Sätze, Texte und Dialoge aus dem Kursbuch laut, bis ich sie schnell und ohne Fehler vorlesen kann.			

Überlege: Bist du mit deinem Ergebnis zufrieden? Was kannst du ändern?

7   Zu zweit trainieren macht mehr Spaß.

Viele Schüler haben Probleme, wenn sie ganz alleine lernen und arbeiten sollen. Zu zweit (oder zu dritt) kann man sich helfen, sich gegenseitig Mut machen, sich kontrollieren und sich so z. B. auf Klassenarbeiten vorbereiten. Ganz nebenbei lernt man dabei auch die Teamarbeit. Im Berufsleben ist das eine wichtige Fähigkeit.

Drei Vorteile der Teamarbeit:

– **Was der eine nicht weiß, das weiß der andere:** Jeder bringt eine andere Idee und eine andere Meinung in die Arbeit mit. So kann man sich ideal ergänzen.

– **Disziplin:** Wenn man zu zweit arbeitet, dann muss man sich überwinden und auf das Treffen vorbereiten. Man strengt sich mehr an, weil man auch für die anderen verantwortlich ist.

– **Lernen durch Lehren:** Viele „gute" Schüler haben Angst, dass sie in der Gruppe nichts mehr lernen, aber: Sie können versuchen den anderen zu erklären, was sie wissen und ihnen damit helfen. Und sie helfen sich damit selbst am meisten, weil man am besten im Kopf behält, was man anderen erklärt.

Lerntipp ➤   Suche dir ein oder zwei Lernpartner/innen, die Lust haben, effektiver zu lernen.

C   Praktische Beispiele zum selbständigen Üben

Eine der effektivsten Formen zu lernen ist es, sich Übungen selbst zu machen. Dadurch lernt man zweimal. Das erste Mal, wenn man die Übung macht und das zweite Mal, wenn man die Übung löst. Eine selbstgemachte Übung kann man einige Tage später wieder selbst versuchen zu lösen oder, noch besser, man tauscht die Übungen mit einem Partner/einer Partnerin aus.

8   Üben mit Karten.

Du brauchst Karten von dieser Größe:

Einige Vorteile von Karten

– Karten kann man mischen, man kann sie immer wieder neu ordnen, zum Beispiel in Lernkarten, die man gut kann und andere, die man noch üben muss.

– Man kann sie anfassen, mit ihnen spielen und das macht das Lernen ein bisschen leichter.

– Man kann sie in die Hosentasche stecken und überall lernen, wo man ein bisschen Zeit hat.

– Man lernt, wenn man die Karten schreibt und man lernt, wenn man mit den Karten übt.

Beispiel 1: Sätze aus dem Kursbuch oder Arbeitsbuch
Du suchst dir zu einem Sprachmuster einen Beispielsatz, z. B. Kursbuch S. 8, Aufgabe 8:

Ich möchte nicht mehr als 90 Mark ausgeben.

So könnte deine Übungskarte aussehen:

Vorderseite: Aufgabe

> Ich möchte nicht
>
> mehr _____
>
> 90 Mark ausgeben.

Rückseite: Lösung

> als

Tipp: Schreibe langsam und kontrolliere genau mit dem „Original" im Buch, damit du keine Fehler auf deiner Karte hast. Du kannst dann sicher sein, dass die Lösung stimmt. Wenn du Hilfe brauchst, zeige die Karten deiner Lehrerin/deinem Lehrer.

Beispiel 2: Wetterwörter
Halte zuerst die rechte Karte (Rückseite) zu und schreibe die Wörter auf ein Blatt Papier. Wie viele waren richtig? Schreibe ein Kärtchen und übe.

Vorderseite

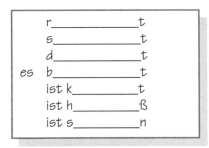

Rückseite

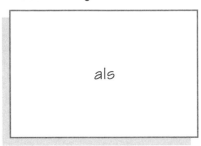

```
        regnet
        schneit
        donnert
es      blitzt
        ist kalt
        ist heiß
        ist schön
```
(Kursbuch, S. 15, Aufgabe 11)

Beispiel 3: Adjektivendungen
Schreibe einen Satz aus dem Buch auf die Vorderseite einer Karte.
Auf die Rückseite schreibst du den Satz noch einmal. Aber jetzt mit Lücken.

Vorderseite

> Peter hatte einen
>
> unsichtbaren
>
> Fernsehapparat.

Rückseite

> Peter hatte ein____
>
> unsichtbar____
>
> Fernsehapparat.
>
> (Akk. / der)

(Arbeitsbuch, S. 4, Aufgabe 1)

Du kannst dir noch Informationen dazuschreiben, z. B. dass du den *Akkusativ* verwendest und dass Fernsehapparat den Artikel *der* hat.

Hier sind noch einige Übungskarten. Wie ist die Lösung? Kontrolliere mit dem Buch.

Wir ziehen ein___ warm___ Wintermantel an.	Er fliegt seit viel___ Jahr___ nach ...	Er hatte ein___ alt___, grün___ Jacke an.

Arbeitsbuch, S. 12   Kursbuch, S. 50   Kursbuch, S. 44

Und noch einige Anregungen wie ihr mit dem Kursbuch Kärtchen anlegen könnt:

Wie geht es dein___ Mutter?	Während unser___ Praktikum___ haben wir neue Erfahrungen gemacht.	Ein Lächeln hilft _____ den Stress.

Kursbuch, S. 57   Kursbuch, S. 66   Kursbuch, S. 110

FDP heißt: CDU: SPD:	Ich bin politisch aktiv, _____ sich etwas ändert.	

Kursbuch, S. 96   Kursbuch, S. 97   **Deine Karte:** Kursbuch, S. ...

9 Übungen für Arbeit mit längeren Texten.

Wenn du die Möglichkeit hast zu kopieren, dann kopiere einen Text, z.B. einen Dialog oder einen kurzen Zeitungstext aus dem Kursbuch oder dem Arbeitsbuch. Nimm eine weiße Korrekturflüssigkeit und decke etwa 9–12 Wörter damit zu. In die Lücken schreibst du Zahlen. Unter den Text machst du eine Liste mit den Zahlen und Schreibzeilen.
Ein Beispiel findest du auf der Seite 100. Versuche die Wörter, die fehlen, zu raten. Manchmal gibt es mehrere Möglichkeiten, manchmal nur eine.

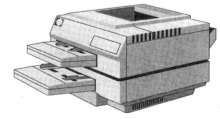

Wenn du die Aufgabe gelöst hast, denke nach:
- Was hast du sofort „erraten"?
- Was war schwer?
- Bei welchen Lücken gab es viele Lösungen?
- Wo ist nur eine einzige Lösung möglich?

E   Krankheit

33 **Schaut euch die Zeichnung an, hört und lest den Dialog.**

○ Mensch, hast ① aber einen Schnupfen!

● Ach, hör auf, ich bin total erkältet. Letzte ② habe ich mit 40 Grad Fieber ③ Bett gelegen.

○ Kein Wunder ④ dem Wetter. Warst du schon ⑤ Arzt?

● Ja, er hat ⑥ Grippetabletten und Hustensaft verschrieben. Aber ⑦ hilft nichts.

○ Versuch's doch mal mit heißer Zitrone ⑧ Honig. Meine Großmutter sagt, das hilft. Warst du eigentlich in der ⑨ ?

● Ja. Ich hab' zwei Lehrer und die halbe Klasse angesteckt. Die haben jetzt auch alle Halsschmerzen. Und du? Was ist denn mit deinem Bein? Wie ist denn das passiert?

○ Ja, weißt du, letzte Woche hatten wir Glatteis …

① _____   ④ _____   ⑦ _____

② _____   ⑤ _____   ⑧ _____

③ _____   ⑥ _____   ⑨ _____

Kontrolliere deine Lösung mit dem Dialog im Kursbuch auf Seite 21.

Du kannst diesen Übungstyp auf viele Arten von Texten, anwenden (Sprachbaukästen, kleine Texte aus dem Arbeitsbuch, Abschnitte aus größeren Texten, eine Seite aus dem Wörterverzeichnis oder der Grammatik …). Du kannst Wörter zudecken oder Wortteile. Es gibt viele Möglichkeiten.

Hier sind noch zwei Varianten. Bearbeite die Aufgaben. Was war leicht/ schwer? Welcher Übungstyp ist für dich am besten?

Fallen dir noch andere Varianten ein?

Der Fernseher
von Martin Auer

Peter hatte einen unsichtbaren Fernsehapparat. Was er damit tat? Er ① hinein, was denn sonst! ② die Leute ihn sahen, fragten sie ③ : „Was ④ du denn da?" „Ich gucke unsichtbares Fernsehen!" „Und was spielen sie da für ⑤ Programm?" „Weiß ich ⑥ nicht, es ist doch unsichtbar!" Aus irgendeinem Grund hielten die Leute Peter für ⑦ . Vielleicht war er ⑧ ja auch. Aber er hatte ⑨ großen Spaß an ⑩ Fernsehapparat.

a

① g _____   ⑥ d _____

② s _____   ⑦ v _____

③ i _____   ⑧ e _____

④ t _____   ⑨ w _____

⑤ e _____   ⑩ s _____

b

Singular	Nominativ	Akkusativ	Dativ
der	der neue Roman	den neu① Roman	dem neu④ Roman
das	das neue Fahrrad	das neu② Fahrrad	dem neu⑤ Fahrrad
die	die neue Brille	die neu③ Brille	der neu⑥ Brille

Plural			
die	die neuen Romane	die neuen Romane	den neu⑦ Romanen

b mit unbestimmtem Artikel

Singular	Nominativ	Akkusativ	Dativ
der	ein neuer Roman	einen neu⑧ Roman	einem neuen Roman
das	ein neues Fahrrad	ein neu⑨ Fahrrad	einem neuen Fahrrad
die	eine neue Brille	eine neu⑩ Brille	einer neuen Brille

Vergleiche mit der Tabelle.

a Ich habe mein_____ Großvater einen Pullover geschenkt.

b Klaus, ich habe dein_____ Freundin einen Brief geschrieben.

c Martina hat ihr_____ Freund ein Buch gekauft.

d Er hat bei kein_____ Aufgabe eine richtige Lösung.

e Naki hat ihr_____ Eltern ihr Zeugnis gezeigt.

Du kannst diese Art von Übungen mit dem Buch kontrollieren oder du klebst dir die Lösung auf die Rückseite des Arbeitsblattes.

10 Bilder und Wörter

Schneide ein Bild oder eine Zeichnung aus einer Zeitschrift aus und mache dir ein Bilderlexikon mit 5 bis 15 Wörtern. Versuche, alles was du siehst auf Deutsch zu schreiben. Was kannst du schon sicher? Was kannst du raten? Was musst du nachschlagen? Kontrolliere das Ergebnis mit einem Wörterbuch. Schreibe die Wörter an den Rand wie im Beispiel. Jetzt kannst du die Wörter zusammen mit dem Bild immer wieder lesen und üben.

der Pullover · die Locken · die Blumen · das Fenster · der Schirm · die Wand · der Stuhl · lachen · die Gitarre · das Haar · die „Fliege" · das Hemd · der Rock · das Knie · die Hose · die Tasse · der Löffel · die Noten · das Gras

WIEDERHOLE REGELMÄSSIG

Du wirst sehen, nach ein paar Versuchen kennst du immer mehr Wörter.

Du kannst die Gegenstände auch nummerieren und die Wörter auf ein extra Blatt schreiben, dann kannst du immer wieder kontrollieren und wiederholen.
Du kannst dir auch Hilfen anlegen, damit das Erinnern etwas schneller geht. Wir haben hier einige Möglichkeiten abgebildet.

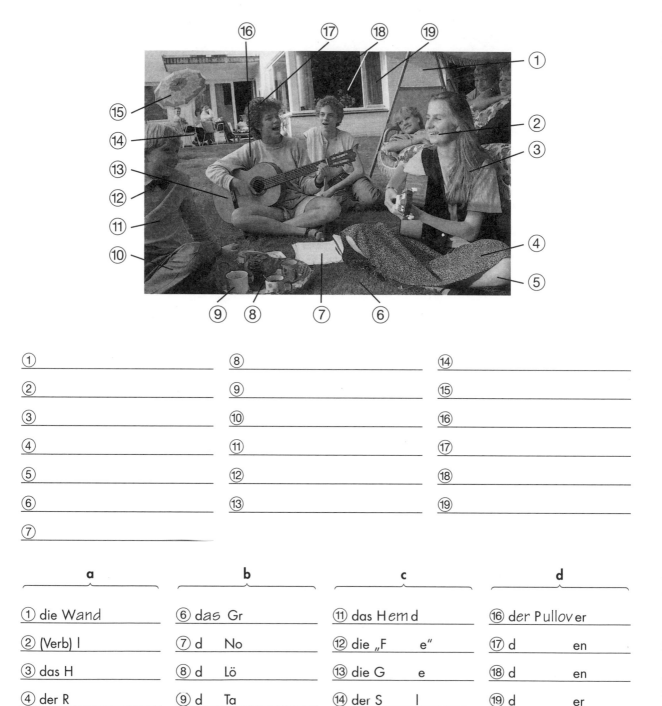

① _____	⑧ _____	⑭ _____
② _____	⑨ _____	⑮ _____
③ _____	⑩ _____	⑯ _____
④ _____	⑪ _____	⑰ _____
⑤ _____	⑫ _____	⑱ _____
⑥ _____	⑬ _____	⑲ _____
⑦ _____		

a	b	c	d
① die Wand	⑥ das Gr	⑪ das Hemd	⑯ der Pullover
② (Verb) l	⑦ d No	⑫ die „F e"	⑰ d en
③ das H	⑧ d Lö	⑬ die G e	⑱ d en
④ der R	⑨ d Ta	⑭ der S l	⑲ d er
⑤ das K	⑩ d Ho	⑮ der S m	

WIEDERHOLE REGELMÄSSIG

11 Themenblätter

Du hast in deinem Deutschunterricht bis jetzt schon zu vielen Themen Wörter und Ausdrücke gelernt. Wie viel hast du davon behalten? Hier ein kleiner Test zum Thema „Zeit":
Schreibe Wörter zu 1–13 auf ein Blatt und vergleiche mit der Lösung im Kasten.

Peter hat (1) Abend keine Lust mehr zu arbeiten.
Er arbeitet lieber (2) (3) Nacht.
Stimmt es, dass du (4) Wochenende nach Paris fliegst?
Der Unfall war an (5) Dienstag.
Monika hat (6) April Geburtstag. Genau (7) elften.
Klaus geht schon (8) drei Jahren auf die Universität.
Er ist (9) (10) Woche nach Deutschland gefahren.
(11) Uhr ist es jetzt?
Der Film dauert (12) 20 Uhr 30 (13) 21 Uhr 45.

1 um
2 in 3 der
4 am
5 einem
6 im 7 am
8 seit
9 vor 10 einer
11 Wie viel
12 von 13 bis

Alles richtig? Klasse!
Viele Fehler? Kein Problem – Lerne mit System!

Lerntipp ▸ Informationen ordnen hilft beim Lernen und Behalten.

So kannst du Themenblätter machen:

Sammle alle Wörter und Ausdrücke, die du zu einem Thema kennst, auf einem Blatt Papier. Überlege dann: Wie ordnest du den Wortschatz und die Sätze? Wie viele Gruppen gibt es? Was gehört zusammen? Was brauchst du oft? Was brauchst du nicht so oft?

Beispiel:
Ordne den Wortschatz im Kasten in vier Kategorien.
Wie heißt das Thema?
Wie heißen die Kategorien?

> im Februar · am Morgen · im Sommer ·
> am Vormittag · am Montag · im Januar ·
> am Nachmittag · im März · im Frühling ·
> am Dienstag · am Mittwoch · am
> Donnerstag · am Mittag

Ergänze nun den Wortschatz in den vier Kategorien, bis sie deiner Meinung nach vollständig sind. Sammle danach noch mehr Wörter, Ausdrücke, Fragen usw. zum Thema und ordne diese auch in Kategorien.
Wenn du Wörter, Ausdrücke, Fragen usw. zu einem Thema auf diese Art ordnest, kann dein Gehirn sie besser speichern und du vergisst nicht so schnell.

Hier noch einige Anregungen zum Thema Zeit:

Das war 1997.
Um Mitternacht begann das Neue Jahr.
Seit wann lernst du Deutsch?
eine Sekunde, eine Minute ...

WIEDERHOLE REGELMÄSSIG

Mit dem Material auf deinen Themenblättern kannst du dann von Zeit zu Zeit auch Dialoge oder kleine Texte schreiben.

Beispiel:
● Hast du heute Abend Zeit?
○ Ja, aber nur von 19 Uhr bis 20 Uhr 30.

Du kannst aus dem Themenblatt eine Kartenübung machen: Wähle aus dem Themenblatt Wortschatz oder Audrücke aus. Schreibe die Ausdrücke auf Karten. Vorderseite: deine Sprache, Rückseite: auf Deutsch.

What time is it?	Wie viel Uhr ist es?

Lies die Themenblätter regelmäßig. Übe regelmäßig damit.

Lerntipp ▸ Aktives Lernen ist besser als passives Lernen.

12 Aktionsketten

Viele Tätigkeiten, die du kennst und die du jeden Tag machst, kannst du in viele kleine einzelne Schritte aufteilen. Du kannst die Schritte bestimmt in deiner Muttersprache beschreiben.
Wenn du versuchst, das alles auf Deutsch zu beschreiben, wiederholst du viel Wortschatz und auch viele grammatische Strukturen. Du brauchst die einzelnen Schritte natürlich nicht immer aufzuschreiben (obwohl das viel hilft). Du kannst auch einfach vor dich hinsprechen (laut oder leise) oder sie einfach „denken".
So kannst du immer wiederholen, wenn du irgendwo „in Aktion" bist. Viel Spaß!

> Aktionskette: Etwas aufschreiben
>
> 1 Ich öffne die Schublade.
> 2 Ich nehme ein Blatt Papier.
> 3 Ich lege das Blatt auf den Tisch.
>
> 4 Ich nehme einen Bleistift.
> 5 Der Bleistift ist stumpf.
> 6 Ich spitze den Bleistift mit einem Spitzer.
>
> 7 Ich schreibe die Information auf.
> 8 Ich lege den Bleistift in mein Mäppchen.

In der rechten Spalte oben steht ein Beispiel für eine geschriebene Aktionskette. Hast du alle Wörter auf Deutsch gekannt? Für welche Wörter hast du ein Wörterbuch gebraucht?

So funktioniert diese Technik:

– Du stellst dir vor, was du machst, z.B. mit dem Fahrrad fahren oder eine Tasse Tee machen usw.
– Du beschreibst jetzt jede einzelne Handlung in kurzen Sätzen auf Deutsch.
– Schreibe zuerst das auf, was dir auf Deutsch sofort einfällt.
– Schreibe dann die anderen Teile der Kette. Arbeite mit dem Wörterbuch.
– Zeige die Ketten deiner Lehrerin und lasse sie korrigieren.
– Schreibe die Handlungskette in kleinen Portionen (3–4 Tätigkeiten).
– Versuche, die Sätze schön zu schreiben.
– Wenn du willst, kannst du auch Zeichnungen machen.

Warum kann man mit Aktionsketten gut lernen?

– Die Handlungen sind logisch geordnet.
– Ordnung hilft beim Behalten und Erinnern.
– Du kannst dir alles gut vorstellen (visualisieren).
– Die Handlung ist wie ein kleiner Film.

Fallen dir noch andere Vorteile ein?

Im Kasten rechts findest du noch ein Beispiel für eine Aktionskette.

Hier noch einige Ideen für Aktionsketten:

– Eine Tasse Tee machen
– Die Zähne putzen
– Ein Computerspiel
– Mit dem Fahrrad fahren

Aktionskette: Mein Schultag

1 Ich stehe auf.
2 Ich wasche mich und ziehe mich an.
3 Ich frühstücke.
4 Ich nehme meine Schultasche.

5 Ich gehe zur Bushaltestelle.
6 Ich warte auf den Bus.
7 Ich fahre mit dem Bus.

8 Ich gehe in das Klassenzimmer.
9 Ich habe Unterricht.
10 Ich schreibe und spreche.
11 Ich lese und höre. (Ich schlafe).

12 Der Unterricht ist vorbei.
13 Wir haben eine Pause.

14 Die Schule ist aus.
15 Ich fahre wieder nach Hause.

D Kontakt mit der deutschen Sprache: Wo finde ich Texte? Wer spricht Deutsch?

Neben dem Deutschunterricht in der Schule und dem Arbeitsbuch gibt es noch viele andere Möglichkeiten, mit der deutschen Sprache in Kontakt zu kommen.

Notiere zuerst alle Möglichkeiten, die dir spontan einfallen. Vergleiche dann mit unseren Vorschlägen:

– Eine Bibliothek, in der es auch deutsche Bücher und Zeitschriften gibt
– Nachbarn oder Freunde, die Deutsch sprechen
– Ein Goethe-Institut und andere Sprach-schulen in deiner Umgebung.
– Vereine, die mit Deutschland Kontakte haben
– Deutsche Touristen, die dein Land be-suchen
– Buchhandlungen
– Fernseh- und Radioprogramme auf Deutsch
– Das Internet mit deutschsprachigen Seiten

Eine Adresse, an die du dich wenden kannst:

http//www.unifr.ch/ids/www-daf.html

Deutschsprachige Seiten im Internet

Übersicht

- Einstiegspunkte für Informationen aus deutschsprachigen Ländern
- Zeitungen, Magazine, Agenturen
  - Medienseiten – Links zu Medien
  - Tageszeitungen
  - Wochenzeitungen/Magazine/Agenturen
  - Gemei... zeitschriften

Einstiegspunkte für Informationen aus deutschsprachigen Ländern

- Zentraler Einstiegspunkt für die Schweiz (auf Englisch)
- LEO – Zentraler Einstiegspunkt in Deutschland
- Deutsche Städte
- Zentraler Einstiegspunkt für Österreich
- ...raler Einstiegspunkt für Lichtenstein

Zeitungen, Magazine, Agenturen

Medienseiten – Links zu Medien

- Medienseite von EUnet – Zugang zu verschiedenen Zeitungen und Zeitschriften (nicht nur auf Deutsch)
- German Online Kiosk (Grosse Sammlung von Online-Publikationen, auch für Jugendliche)
- JUGENDPRESSE IM NETZ (Schülerzeitungen etc.)

sowieso 3 – Grammatik zum Nachschlagen

So ist die *Grammatik zum Nachschlagen* aufgebaut: Seite

Inhaltsübersicht

Grammatische Begriffe	Beispiele	Seite im Arbeitsbuch	Seite im Kursbuch
1 Nomen und Pronomen			
1.1 Das Genitivattribut	Die Statistik *des letzten Jahres.*	110	40
1.2 Das Genitiv „s"	Ich liebe Mozarts Symphonien.	110	41
1.3 Verben als Nomen	*Das Aufstehen* am Morgen fällt vielen schwer.	111	48
1.4 Relativpronomen	Das Haus, *das* meine Eltern gekauft haben, ist 300 Jahre alt.	111	43
1.5 Pronominaladverbien und Fragewörter (wofür? – dafür)	– Wofür interessierst du dich? – Für Autos? – *Dafür* interessiere ich mich auch.	111	53
1.6 Indefinitpronomen	*Niemand* interessiert sich für mich.	112	90
1.7 Demonstrativpronomen	*Dieses* Buch hat mir meine Freundin geschenkt.	113	
2 Präpositionen			
2.1 Präpositionen mit Akkusativ	*durch, für*	113	
2.2 Präpositionen mit Dativ	*von, aus, bei, mit, nach, seit, zu*	113	
2.3 Präpositionen mit Akkusativ oder Dativ	Ich stelle die Vase *auf den Tisch.* Sie sieht gut aus *auf dem Tisch.*	114	
2.4 Präpositionen mit Genitiv	*während, wegen, trotz*	114	66, 85
2.5 Präpositionen und Fragewörter (→1.5.)	*für wen, wofür*	115	53
3 Adjektive			
3.1 Wortbildung	Deine Bluse ist altmod*isch.* Vorsicht, das Wasser ist nicht trink*bar.*	115	60
3.2 Adjektive als Attribute (Übersicht der Adjektivendungen)	Ich habe eine leichte Bluse und einen warm*en* Mantel gekauft.	116	

Grammatik

Was findest du in dieser Grammatik?

• Die kompletten Grammatik-Tabellen aus dem Kursbuch *sowieso 3*.
• Lerntipps und Hinweise auf mögliche Lernschwierigkeiten, damit du dir Regeln leichter merken kannst.
• Aufgabenvorschläge, damit du das Nachschlagen in einer Grammatik trainieren kannst.
• SOS-Grammatik in *sowieso 3*.
• Eine Liste der wichtigsten unregelmäßigen Verben.
• Ein Inhaltsverzeichnis und ein Register, damit du schneller findest, was du suchst.

Wozu kannst du diese Grammatik verwenden?

• Du kannst in der Grammatik nachsehen, wenn du bei deinen Hausaufgaben nicht ganz sicher bist.
• Du kannst mit dem Grammatikkapitel im Kurs und zu Hause deine Texte überprüfen und korrigieren.
• Wenn du öfters mit dieser Übersicht arbeitest, lernst du, wie man mit einem Nachschlagewerk arbeitet.
• Du kannst dich auf Tests vorbereiten.

Wie findest du Informationen in dieser Grammatik?

1. Weg: Das Inhaltsverzeichnis (S. 106–107) Das Inhaltsverzeichnis kannst du benutzen, wenn du den Grammatik-Begriff kennst, den du nachschlagen willst oder wenn du die Übersicht über ein ganzes Grammatikkapitel brauchst.

2. Weg: Das Register (S. 128) Meistens findest du die Informationen auf diesem Weg schneller. Das Register enthält die grammatischen Begriffe aber auch Beispielwörter. Das Register kannst du also auch benutzen, wenn du den genauen Grammatik-Begriff nicht kennst.

Beispiel: Du findest das Wort *ob* am Anfang in einem Nebensatz.

1. Weg: Du weißt, dass *ob* am Anfang in einem Nebensatz steht und willst dich über diesen Nebensatztyp informieren. Du sucht also im Inhaltsverzeichnis die Nebensätze und findest den *ob*-Satz auf Seite 124. Du erfährst hier außerdem, dass es im Kursbuch auf Seite 17 Aufgaben zum *ob*-Satz gibt.

2. Weg: Du weißt nichts über *ob* und suchst das Wort im Register. Dort findest du heraus, dass Informationen über *ob* in der Grammatik auf S. 124 und 126 stehen.

Tipp: Arbeitet zu zweit. Schreibt Fragen und Aufgaben zur Grammatik auf Kärtchen und übt damit.

Aufgabe 1
Wie ist die Wortstellung in einem Satz, mit *Wenn* am Anfang? Muss in diesem Satz immer ein *dann* stehen? Wo gibt es im Kursbuch Informationen und Übungen dazu?

Aufgabe 2
Wie kann man auf Deutsch etwas über die Zukunft sagen? Wo findest du im Kursbuch Informationen und Übungen dazu?

Aufgabe 3
Was ist der Konjunktiv II. Wozu braucht man diese Form?

Lösungen

gibt es Informationen und Übungen dazu.
Aufgabe 3: In der Grammatik findest du die Informationen über den Konjunktiv II auf S. 119. Im Kursbuch in Einheit 4, ab S. 27
und Übungen dazu.
Aufgabe 2: In der Grammatik findest du die Information auf S. 117. Im Kursbuch in Einheit 2, ab S. 11 gibt es Informationen
Aufgabe 1: In der Grammatik findest du mehr Information auf S. 124 und im Kursbuch in Einheit 3, S. 16.

Überlege: Was hat besser funktioniert? Der Weg über das Inhaltsverzeichnis oder über das Register?

Tipp: Besprecht die Aufgaben und die Lösungen im Kurs.

Die SOS-Methode

In *sowieso 1* und *2* haben wir drei Schritte auf dem Weg zur einer Grammatikregel trainiert:

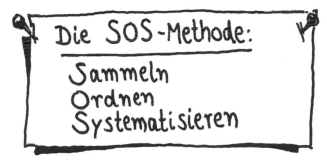

Die SOS-Methode:
Sammeln
Ordnen
Systematisieren

Hier noch einmal ein Beispiel.
Nimm das Kursbuch und vergleiche.

1. Schritt: Sammeln
Einheit 4, Aufgabe 21: Hier findest du Beispiele für den Konjunktiv II. Du vergleichst die Sätze mit den Formen, die du schon kennst (Indikativ) und siehst: Mit dem Konjunktiv kann man ausdrücken, was (noch) nicht Realität ist.

2. Schritt: Ordnen
Du denkst darüber nach, was du in deiner Sprache oder aus dem Unterricht schon über diese Form weißt (Aufgabe 22). In Aufgabe 23 machst du dir eine Tabelle aus den Verben, die du in dieser Einheit im Konjunktiv II kennen gelernt hast. Du schreibst die Tabelle ins Heft. Die Tabelle zeigt dir jetzt, dass die Präteritumform der Verben und der Konjunktiv II sehr ähnlich aussehen.

3. Schritt: Systematisieren
In Aufgabe 24 findest du jetzt zwei Regeln und wendest sie beim Vergleich der Beispiele a bis e an. Du hast die Regel jetzt selbständig erarbeitet.

Tipp: Sieh nach: Wo gibt es in *sowieso 3* andere Beispiele für die SOS-Methode?

Grammatik

1 Nomen und Pronomen

1.1 Das Genitivattribut

Einheit 7

Mit dem Genitiv kann man zwei Nomen verbinden. Das zweite Nomen gibt eine Information zum ersten Nomen.

das Gedicht

der Autor Bertolt Brecht

Schwächen
Du hattest keine.
Ich hatte eine:
Ich liebte.

Das Gedicht **des** Autor**s** Bertolt Brecht

der	das	die
das Gedicht + **der** Autor	die Statistik + **das** Jahr 1998	der Direktor + **die** Schule
das Gedicht **des** Autor**s**	die Statistik **des** Jahre**s** 1998	der Direktor **der** Schule

Lerntipp ▶ *Der* und *das* wird **des**, *die* wird **der** – es ist nicht schwer.

Du hast jetzt gesehen, wie zwei Nomen mit dem bestimmten Artikel im Genitiv verbunden werden. Die Genitivendung kann aber auch an anderen Wörtern hängen.

	der	das	die (auch Plural)
bestimmter Artikel + Adjektiv	das Buch **des** bekannten Autor**s**	das Buch **des** neuen Autorenteam**s**	das Buch **der** bekannten Autorin
unbestimmter Artikel	das Buch ein**es** bekannten Autors	das Buch ein**es** neuen Autorenteams	das Buch ein**er** bekannten Autorin
Possessivpronomen	das Fahrrad mein**es** Bruders	das Fahrrad ihr**es** Kindes	das Haus unser**er** Eltern
Adjektiv (allein)			der Preis neu**er** CD's
Indefinitpronomen			50% all**er** Deutschen

1.2 Das Genitiv *-s*

Einheit 7

Das Genitiv *-s* verbindet Namen und Nomen.

Ich mag Mozart**s** Symphonien.
Thomas Mann**s** Romane sind nicht leicht zu lesen.
München**s** Biergärten sind ein beliebtes Touristenziel.
Mit Onkel Albert**s** Hunden gehe ich gerne spazieren.

Münchens Biergärten sind weltbekannt.

1.3 Verben als Nomen

Einheit 8

Das Sprechen lernen die meisten Kinder mit einem Jahr.
Das Baden im Fluss ist nicht gesund.
Das frühe **Aufstehen** macht vielen Menschen Probleme.

Verben können auch als Nomen gebraucht werden. Sie haben dann den Artikel *das*.

1.4 Relativpronomen (→ 5.7)

Einheit 7

Ich habe ein Moped gekauft, **das** erst drei Monate alt ist.

Die Frau, **deren** Hund gestohlen worden war, rief die Polizei.

Der Relativsatz (→ 5.7) gibt eine nähere Information zu einem Nomen oder Pronomen im Hauptsatz.
Das Relativpronomen steht am Anfang des Relativsatzes.
Es verbindet den Relativsatz mit einem Nomen oder Pronomen im Hauptsatz.
Das Relativpronomen richtet sich nach dem Artikel und dem Kasus (Nominativ, Dativ, …) des Nomens oder Pronomens im Hauptsatz.

	Nominativ	Akkusativ	Dativ	Genitiv
der	der	den	dem	dessen
das	das	das	dem	dessen
die	die	die	der	deren
die (Plural)	die	die	denen	deren

Tipp: Außer Genitiv und Dativ Plural sind die Relativpronomen identisch mit den bestimmten Artikeln.

Vor dem Relativpronomen kann eine Präposition stehen.

Ich habe das Moped gekauft, **für das** ich drei Jahre gespart habe.

1.5 Pronominaladverbien und Fragewörter: *wofür? – dafür*

Einheit 8

Pronominaladverbien sind Präpositionen mit der Vorsilbe *da*: für – **da**für
Sie stehen oft zusammen mit einem Fragewort: **wo**durch? – **da**durch

Die Vorsilbe funktioniert im Text wie ein Pronomen. Das heißt, sie zeigt auf etwas im Satz vorher.

○ **Woran** denkst du?
● An ein großes Eis.
○ **Daran** denke ich auch dauernd.

○ **An wen** denkst du?
● An meinen Freund.
○ An den denke ich auch den ganzen Tag.

○ **Womit** willst du das bezahlen?
● Mit einem Scheck. **Damit** zahle ich immer.

○ **Mit wem** gehst du heute Abend aus?
● Mit meiner Mutter. Wir gehen ins Theater.

Sachen		Personen	
wofür?	dafür	für wen?	
woran?	daran	an wen?	
worüber?	darüber	über wen?	
wogegen?	dagegen	gegen wen?	
wovon?	davon	von wem?	
wobei?	dabei	bei wem?	
womit?	damit	mit wem?	
wozu?	dazu	zu wem?	
wovor?	davor	vor wem?	
…	…	…	

1.6 Indefinitpronomen

Einheit 14

Indefinitpronomen verwendet man,
wenn man über Personen oder Sachen
spricht aber nicht genau weiß:
wer? was? wie viel?

Jemand hat an der Tür geklopft. ○
Ich habe **etwas** gehört. ○
Hast du **alle** Fenster kontrolliert? ○
Bist du sicher, dass **keiner** im Haus ist? ○

● Da ist **niemand**. → *nur für Personen*
● Ich sehe **nichts**. → *nicht für Personen*
● Ja, ich hab **alles** abgeschlossen.
● Ja, sicher, natürlich.

jeder, manche

Jeder und *manche* kann man wie einen Artikel
verwenden oder allein. Vergleiche:

Jeder Mensch freut sich über ein Geschenk.
Jeder freut sich über ein Geschenk.
Manche Menschen verschenken gerne Blumen.
Manche verschenken gerne Blumen.

Jeder und *manche* haben dann die gleichen Endungen wie *der, das die*: Der letzte Buchstabe ist identisch.
Vergleiche die Tabelle.

	der	das	die
Nominativ	jeder	jedes	jede
Akkusativ	jeden	jedes	jede
Dativ	jedem	jedem	jeder
Genitiv (selten)	jedes	jedes	jeder

Lerntipp ▷ Indefinitpronomen in Paaren lernen: *jemand – niemand, alle – keiner, alles – nichts …*

1.7 Demonstrativpronomen

Ich habe **diese** Frau dort noch nie gesehen.
Ich habe meinen Füller vergessen – Nimm doch **diesen**.
Welches Hemd gefällt dir? **Dieses** da finde ich am besten.

Wenn man auf etwas zeigt, verwendet man *dies-* oft mit *da* und *dort*.

Dieser, dieses, diese sind Demonstrativpronomen.
Man verwendet sie, um auf etwas hinzuweisen.
Man kann sie wie einen Artikel vor dem Nomen verwenden.
Sie können auch als Pronomen allein stehen.

	der	das	die	die (Plural)
Nominativ	dieser	dies(es)	diese	
Akkusativ	diesen			
Dativ	diesem		dieser	diesen
Genitiv (selten)	dieses			dieser

Tipp: Das Fragepronomen *welcher* hat die gleichen Formen wie *dieser*.

2 Präpositionen

In *sowieso 1* und *sowieso 2* haben wir die meisten Präpositionen schon eingeführt.
Hier ist ein Überblick über alle in *sowieso* verwendeten Präpositionen.

2.1 Präpositionen mit Akkusativ

● Ich laufe jeden Tag einmal **um** den See.
○ Und ich fahre jeden Tag mit dem Rad **bis** Bonn.
  Ich bin absolut **gegen** neue Autobahnen.
● Ja, ich finde, man kann gut leben **ohne** Auto.
  Für mich ist ein Auto auch nicht so wichtig.

● Wann kommst du?
○ So **gegen** neun.
● Es ist besser, wenn du schon **um** acht kommst.
  Dann sind wir **bis** 12 mit der Arbeit fertig.

Ohne Auto **durch** die Welt,
bis Transsylvanien **ohne** Geld.
Für 'n Appel und 'n Ei,
alle haben Spaß dabei.
Gegen den Wind **um** Mitternacht,
Dracula ist aufgewacht.

2.2 Präpositionen mit Dativ

Seldas Eltern kommen **aus** der Türkei. Sie wohnen heute in Kaufungen **bei** Kassel. **Seit** drei Monaten fährt Selda jeden Morgen **mit** dem Bus **zur** Schule. **Von** Kaufungen **nach** Kassel braucht der Bus 20 Minuten.

Von „Ausbeimit" nach „Vonseitzu" fährst immer mit dem Dativ du!

2.3 Präpositionen mit Akkusativ oder Dativ (Wechselpräpositionen)

Akkusativ	Dativ
Wir fahren morgen **an** d**en** Strand.	Hamburg liegt **an** d**er** Elbe.
Ich stelle mein Fahrrad **neben** dein Fahrrad.	Wir wohnen **neben** dein**er** Schwester.
Wir legen uns **unter** ein**en** Baum und schlafen.	Wir bauen unser Zelt **unter** ein**em** Baum auf.

Akkusativ oder Dativ: *an, auf, hinter, in, neben, unter, über, vor, zwischen*

2.4 Präpositionen mit Genitiv

Trotz des schlechten Wetters machten
die Jugendlichen eine Wanderung.

Ich bin **trotz** mein**er** Grippe ins Kino gegangen.
Während mein**es** Praktikums war ich zwei
Wochen krank.

⚠ *Während* und *wegen* werden auch
mit dem Dativ verwendet:

Wegen des schlechten Wetters machte das
Zelten keinen Spaß.

Während mein**em** Praktikum war ich zwei
Wochen krank.
Wegen mein**er** Krankheit musste ich zu Hause
bleiben.
Wegen **dir** bin ich krank geworden.

2.5 Präpositionen und Fragewörter und (→ 1.5)

An wen denkst du? →   Ich weiß, du denkst an eine Person, aber ich weiß nicht, an wen.

Woran denkst du? →   Ich weiß nicht, an wen oder was du denkst.

An was denkst du? →   Ich weiß, du denkst an etwas, aber ich weiß nicht, an was du denkst.

Gegen wen habt ihr gespielt? →   Ich weiß, es war eine Fußballmannschaft (Personen)

Wogegen bist du mit dem Rad gefahren? → Ich weiß, es war eine Sache, keine Person.

Bei wem habt ihr übernachtet? →   Bei welcher Familie oder Person?

Wobei habe ich dich gestört? →   Bei welcher Tätigkeit (lesen, kochen, nachdenken …)?

Andere Fragewörter mit Präpositionen: *worauf, worin, wozu, womit, wovon, wovor, worüber, worum.*

Überlege immer: 1. Wird nach Personen oder allgemein gefragt?
                      2. Präposition mit Akkusativ oder Dativ?

3   Adjektive

3.1 Wortbildung

Nomen	**Adjektiv**	
der Freund	freund**lich**	An den Zusätzen *-lich, -ig, -isch, -iv* erkennt man oft Adjektive.
	unfreund**lich**	Mit dem Zusatz *un-* wird oft das Gegenteil des Adjektivs ausgedrückt.

Beispiele: christ*lich*, attrakt*iv*, ausländ*isch*, vorsicht*ig*

die Informat*ion*	informat**iv**	Vielen Nomen (nicht alle) mit der Endung *-ion*
die Akt*ion*	akt**iv**	werden mit *-iv* am Ende zu Adjektiven.
die Aggress*ion*	aggress**iv**	

 die Relig*ion* – relig**iös**

unbrauch**bar**	An den Zusätzen *-bar, -voll, -los, -frei*
sinn**voll**	kann man die Bedeutung
gefahr**los**	des Adjektivs erkennen.
stress**frei**	

Adjektiv	**Bedeutung**
ess**bar**	Man **kann** es essen.
brauch**bar**	Man **kann** es brauchen.
kalorien**reich**	Es hat **viele** Kalorien.
kalorien**arm**	Es hat **wenig** Kalorien.
kosten**los**	Es kostet **nichts**.
arbeits**los**	Er/sie hat **keine** Arbeit.

3.2 Adjektive als Attribute – Übersicht über die Endungen

Hinweis: Hier findest du alle Adjektivendungen im Überblick. Neu in *sowieso 3* war nur der Genitiv.

a Adjektive nach bestimmtem Artikel

Singular	Nominativ	Akkusativ	Dativ	Genitiv
der das die	der neue Roman das neue Fahrrad die neue Brille	den neuen Roman das neue Fahrrad die neue Brille	dem neuen Roman dem neuen Fahrrad der neuen Brille	des neuen Romans des neuen Fahrrads der neuen Brille
Plural				
die	die neuen Romane, Fahrräder, Brillen	die neuen Romane, Fahrräder, Brillen	den neuen Romanen, Fahrrädern Brillen	der neuen Romane, Fahrräder Brillen

b Adjektive nach unbestimmtem Artikel, nach *kein*-
oder nach Possessivpronomen (*mein, dein, sein, unser, euer, ihr*)

Singular	Nominativ	Akkusativ	Dativ	Genitiv
der das die	ein neuer Roman ein neues Fahrrad eine neue Brille	einen neuen Roman ein neues Fahrrad eine neue Brille	einem neuen Roman einem neuen Fahrrad einer neuen Brille	eines neuen Romans eines neuen Fahrrads einer neuen Brille
Plural				
die	neue Romane, Fahrräder, Brillen	neue Romane, Fahrräder Brillen	neuen Romanen, Fahrrädern, Brillen	neuer Romane, Fahrräder Brillen

Adjektive nach Possessivpronomen und *kein*- haben im Plural immer die Endung **-en**.

c Adjektive ohne Artikel

Singular	Nominativ	Akkusativ	Dativ	Genitiv
der das die	neuer Roman neues Fahrrad neue Brille	neuen Roman neues Fahrrad neue Brille	neuem Roman neuem Fahrrad neuer Brille	neuen Romans neuen Fahrrads neuer Brille
Plural				
die	neue Romane, Fahrräder, Brillen	neue Romane, Fahrräder Brillen	neuen Romanen, Fahrrädern, Brillen	neuer Romane, Fahrräder Brillen

4 Verben

4.1 Das Futur

Einheit 2

Es gibt zwei Möglichkeiten, über die Zukunft zu sprechen. Vergleiche:

Morgen besuche ich meine Oma.
Ich besuche **am Wochenende** meine Oma.

Präsens mit Zeitangabe (morgen, in zwei Wochen ...)

Ich **werde** meine Oma **besuchen**.
Morgen **werde** ich meine Oma **besuchen**.

Futur: *werden* + Verb im **Infinitiv**

Meistens verwendet man nur Präsens mit Zeitangaben.
Nur wenn man formell spricht oder schreibt,
Prognosen macht oder etwas besonders betonen will,
verwendet man das Futur mit *werden*.

Im Jahr 2500 wird niemand mehr arbeiten müssen.

Da bin ich der Zeit ja 500 Jahre voraus!

4.2 Das Plusquamperfekt

vorher
Nachdem **wir gegessen hatten**,
Als Christo den Reichstag **verhüllt hatte**,

danach
gingen wir zwei Stunden spazieren.
kamen Millionen Touristen nach Berlin.

danach
Millionen Touristen kamen nach Berlin
Tina musste bei ihrer Mutter anrufen,
Kurt musste am Samstag ins Krankenhaus.

vorher
als Christo den Reichstag **verhüllt hatte**.
weil sie ihren Schlüssel **vergessen hatte**.
Er **hatte** schon seit Tagen Kopfschmerzen **gehabt**.

Das Plusquamperfekt kannst du verwenden, wenn du zwei Ereignisse in der Vergangenheit beschreibst.
Ein Ereignis ist vor dem anderen passiert oder hat vorher begonnen.

Das **Plusquamperfekt** bildet man so:
Präteritum von *sein* oder *haben* + **Partizip II**

Nachdem die DDR die Mauer geöffnet hatte,
kamen Hunderttausende von DDR-Bürgern nach
Westberlin.

Grammatik

4.3 Die Zeiten (Übersicht)

		Beispiele	Kommentare
FRÜHER	**Plusquamperfekt**	Nachdem unsere Katze weg war, kauften wir einen Hund. Um acht ging er nach Hause. Er hatte zuvor zwei Stunden auf sie gewartet.	*haben* oder *sein* im **Präteritum** + **Partizip II** Das Plusquamperfekt steht meistens zusammen mit dem Präteritum.
	Präteritum	Die Zeitungen berichteten über den Unfall.	**Regelmäßige Verben:** Singular: *-te* nach dem Verbstamm, Plural: *-ten* (außer 2. Person). Wenn der Verbstamm auf *-d* oder *-t* endet, hängt man *-ete* (Singular) oder *-eten* (Plural) an das Verb.
		Letztes Jahr flogen Millionen Deutsche in die Ferien.	**Unregelmäßige Verben** am besten als Reihe lernen *(fliegen – flog – geflogen)* Das Präteritum wird meistens in schriftlichen Texten verwendet. Das Präteritum von *haben* und *sein* und den Modalverben (*müssen* ...) verwendet man auch in der gesprochenen Sprache.
	Perfekt	Olaf hat am Wochenende Tag und Nacht gelernt. Ich habe gestern Klaus getroffen. Ilka und Renja sind in den Ferien in den USA gewesen.	*haben* oder *sein* + **Partizip II** *Sein* verwendet man, wenn sich ein Ort oder Zustand verändert. In der gesprochenen Sprache und in persönlichen Texten (Briefe) verwendet man das Perfekt; nur bei *sein* und *haben* und den Modalverben das Präteritum.
HEUTE	**Präsens**	○ Was liest du? ● Ich lese gerade einen Roman von Böll.	
MORGEN	**Präsens**	○ Was machst du morgen? (Präsens mit Zeitangabe) ● Ich gehe spazieren. (Präsens)	Über die Zukunft spricht man meistens mit der Verbform des Präsens (mit Zeitangabe).
	Futur	○ Wir werden im Sommer ans Meer fahren. Und was macht ihr? ● Wir werden wohl nach Italien fahren. (Planung, Vermutung) Ich werde in diesem Jahr mehr Sport machen. (Vorsatz)	*werden* + **Infinitiv** Man verwendet das Futur nur, wenn man etwas besonders betonen will, bei Prognosen und guten Vorsätzen.

4.4 Das Partizip I

Einheit 14

Man soll keine **schlafenden** Hunde wecken.
Das **schreiende** Baby machte den Vater ganz nervös.

Das Partizip I bildet man so: **Verb (Infinitiv) + d**
Das Partizip I wird meistens wie ein Adjektiv verwendet und bekommt dann die gleichen Endungen wie
die Adjektive: … keine schlafend**en** Hunde … (Akk. Sg.); Das schreiend**e** Baby … (Nom. Sg.).

4.4 Konjunktiv II

Einheit 4

Mit dem Konjunktiv II kann man
– etwas sagen, das nicht oder noch nicht Realität ist
 oder
– höflich um etwas bitten.

Realität

Ich habe eine gute Freundin.
Sie raucht nicht mehr.
Er ist Millionär.

nicht Realität

Ich **hätte** gern eine gute Freundin. (Ich habe leider keine.)
Sie **sollte** nicht mehr rauchen. (Sie raucht aber sehr viel.)
Er **wäre** gern Millionär. (Er hat nur 1000 Mark auf der Bank.)

Bitte / Frage

Gibst du mir das Salz?
Gib mir bitte das Salz.

höfliche Bitte / Frage

Würdest du mir das Salz geben?

Wenn du die Präteritumform eines Verbs kennst, kannst du den Konjunktiv II ganz leicht bilden:
Vergleiche diese Präteritumformen mit der Tabelle unten: ich – *musste, sollte, wurde, durfte, war, hatte*

Alle Verben haben Konjunktiv II-Formen. Man verwendet diese Formen heute aber fast nur bei den
Modalverben, den Hilfsverben *haben* und *sein* und bei wenigen anderen Verben.

	können	**müssen**	**sollen**	**werden**	**dürfen**	**sein**	**haben**
ich	könnte	müsste	sollte	würde	dürfte	wäre	hätte
du	könntest	müsstest	solltest	würdest	dürftest	wärst	hättest
er/es/sie	könnte	müsste	sollte	würde	dürfte	wäre	hätte
wir	könnten	müssten	sollten	würden	dürften	wären	hätten
ihr	könntet	müsstet	solltet	würdet	dürftet	wärt	hättet
sie	könnten	müssten	sollten	würden	dürften	wären	hätten

Ebenso: *wissen – ich wüsste, du wüsstest …, geben – ich gäbe, du gäbest …*

Bei fast allen anderen Verben sind die Konjunktiv II-Formen veraltet.
Man verwendet statt dessen den Konjunktiv II von *werden* + Infinitiv des Verbs:

Ich **würde** dir gern **helfen**, aber leider habe ich keine Zeit.
Ich **würde** ein Mineralwasser **trinken**, wenn ich eins im Kühlschrank hätte.

Die veralteten Formen wären: Ich **hülfe** dir gern … Ich **tränke** gern ein Mineralwasser …

4.5 Konjunktiv I

Wenn man berichtet, was andere gesagt oder getan haben, dann wird in geschriebenen Texten (nicht in der gesprochenen Sprache!) oft der Konjunktiv I oder der Konjunktiv II benutzt. Man findet den Konjunktiv I oft in Zeitungsberichten.

Sätze mit Konjunktiv werden oft mit bestimmten Verben eingeleitet:
sagen, meinen, betonen, erwidern, bestätigen, versichern

Der Konjunktiv I von *sein, haben* und *können*

	sein	**haben**	**können**
ich	sei	*habe	könne
du	seist	habest	könnest
er/es/sie	sei	habe	könne
wir	seien	*haben	*können
ihr	seiet	habet	könnet
sie	seien	haben	*können

* Oft sind die Verbformen des Konjunktiv I und des Indikativ Präsens identisch.
  Dann benutzt man die Konjunktiv II -Form: *habe → hätte, haben → hätten, können → könnten*

4.6 Das Passiv

Einheit 9

Vergleiche die beiden Sätze:
a Eine Maschine zerkleinert die Kakaobohnen.
b Die Kakaobohnen **werden zerkleinert**.

Satz **a** nennt den Täter (hier: die Maschine).
Satz **b** nennt den Täter nicht.

Das **Passiv** wird mit *werden* + **Partizip II** des Verbs gebildet.

Den Täter kannst du mit *von* + **Dativ** in den Passivsatz einfügen:

Die Kakaobohnen werden **von einer Maschine** zerkleinert.
Der Roman „Die Blechtrommel" wurde **von Günther Grass** geschrieben.
Tests werden **von Lehrern und Lehrerinnen** entwickelt und **von Schülern und Schülerinnen** gelöst.

Man verwendet das Passiv:

Beispiele

1. wenn man den Täter nicht kennt.

Am Samstag wurde die Dresdner Bank in der Mozartstraße überfallen.

2. wenn der Täter nicht so wichtig ist. Man will den Prozess beschreiben.

Der Kakao wird in eine Form gegossen.

3. wenn man eine Regel beschreibt.

„Fluss" wird seit der Rechtschreibreform mit zwei „s" geschrieben. Vorher schrieb man das Wort mit „ß".

Mit **man** kannst du das Gleiche ausdrücken wie mit einem Passivsatz. Vergleiche die Sätze **a** und **b**

a Die Kakaobohnen **werden geröstet**. (Passiv)
b Man röstet die Kakaobohnen.
(man + Verb 3. Person Singular)

4.7 Passiv Präteritum und Passiv Perfekt

Einheit 9

Passiv Präteritum

Dieses Motorrad **wurde** von Gottlieb Daimler 1885 in Deutschland **gebaut**.

Die Bundesrepublik Deutschland und die Deutsche Demokratische Republik **wurden** 1990 vereinigt.
Die UNO wurde 1949 gegründet.
Der Roman „Wahlverwandtschaften" **wurde** von J.W. v. Goethe 1809 **veröffentlicht**.

Passiv Präteritum:
werden im Präteritum + **Partizip II** des Verbs

Konjugation: *werden* im Präteritum:

ich	wurde	wir	wurden
du	wurdest	ihr	wurdet
er/es/sie	wurde	sie	wurden

Passiv Perfekt

Einheit 9

Die Kakaobohnen **sind geröstet worden**.
Die Schokolade **ist** in eine Form **gegossen worden**.
Der Bankräuber **ist** von der Polizei **verhaftet worden**.
Ich habe gehört, dass der Bankräuber von der Polizei **verhaftet worden ist**. (Nebensatz)

Passiv Perfekt: *sein* + **Partizip II** + *worden*

4.8 Passiv mit Modalverben

Einheit 13

Das Licht **sollte** beim Verlassen des Zimmers **ausgeschaltet werden**.
Die meisten Tiere im Zoo **dürfen** nicht **gefüttert werden**.
Die Treppe **muss** jeden Monat **geputzt werden**.
Der Hausmeister sagt, dass die Treppe jeden Monat **geputzt** werden **muss**. (Nebensatz)

Werden steht nach dem Partizip II am Ende des Satzes. In Nebensätzen steht das Modalverb am Ende.

4.9 Das Passiv: Zusammenfassung

Passivsatz (Präsens)	Das Parkhaus **wird gebaut**.
Passiv mit Täter	Das Parkhaus wird **von einer englischen Baufirma** gebaut.
Man statt Passiv	**Man** baut das Parkhaus.
Passiv Präteritum	Das Parkhaus **wurde** gebaut.
Passiv Perfekt	Das Parkhaus **ist** gebaut **worden**.
Passiv mit Modalverb	Das Parkhaus **soll** gebaut **werden**.
Passiv mit Modalverb (Verneinung)	Das Parkhaus **darf nicht** gebaut **werden**.

Passiv im Nebensatz	Der Bürgermeister sagt, dass das Parkhaus **gebaut wird**.
Passiv mit Modalverb (Nebensatz)	Der Bürgermeister sagt, dass das Parkhaus gebaut werden **muss**.
Passiv mit Modalverb (Verneinung)	Ich weiß, dass das Parkhaus **nicht** gebaut werden darf.

4.10 Untrennbare Verben

Einheit 9

Die Präfixe *ver-, zer-, be-, ent-, er-, ge-, miss-,* kann man nicht vom Verb abtrennen.
Sie sind alle (außer *miss-*) unbetont.

Vergesst die Hausaufgaben nicht!
Man **zer**kleinert die Kaffeebohnen und **ent**fernt die Schalen.
Bestellst du noch eine Cola?
Wem **ge**hört das Fahrrad?
Erinnerst du dich an den ersten Film von Tom Cruise?
Du hast mich total **miss**verstanden.

Im Partizip II haben untrennbare Verben kein *ge*.

Infinitiv	Partizip II
bestellten	bestellt
missverstehen	missverstanden
erinnern	erinnert
vergessen	vergessen

5   Der Satz

5.1 Satzbaupläne

Im Deutschen bestimmt das Verb, welche Position die Wörter im Satz einnehmen.
Es gibt im Hauptsatz im Wesentlichen zwei Möglichkeiten.

	Beispiel	**Grammatische Form**
Verb an Position 2	<u>Ich</u> *lebe* in Hamburg. <u>Morgen früh</u> *fahre* ich nach Berlin. <u>Über dein Geschenk</u> *habe* ich mich sehr *gefreut*.	Aussagesatz. An Position 1 kann ein Subjekt (Nomen, Pronomen) oder eine Zeit/Ortsangabe usw. stehen.
Verb an Position 1	*Lass* mich in Ruhe! *Hilfst* du mir bei den Hausaufgaben?	Imperativ Ja/Nein-Frage

5.2 Die Satzklammer

Das Verb besteht aus zwei Teilen. Der konjugierte Teil steht auf Position 2, der zweite Teil steht am Ende.

	Position 2			
Ich	**muss**	morgen mein Fahrrad	**reparieren**	Modalverb + Infinitiv
Ich	**hatte**	mein Geld	**vergessen.**	Plusquamperfekt
Ich	**würde**	gern mit dir in die Ferien	**fahren.**	Konjunktiv II (würde-Form)
Ich	**ziehe**	gern Jeans	**an.**	trennbares Verb
Ich	**werde**	ab morgen mehr Sport	**treiben.**	Futur
Ich	**werde**	morgen in Deutsch	**geprüft.**	Passiv

5.3 *einerseits – andererseits*

Einerseits – andererseits gehören immer zusammen. Sie können Gegenteile in einem Satz verbinden.

Einerseits machen Computer Spaß, **andererseits** sind sie teuer.
Einerseits wäre ich gern in Urlaub gefahren, **andererseits** hatte ich kein Geld.

Mit *einerseits – andererseits* kannst du auch Argumente und Gegenargumente in einem Text verbinden.

Vier Argumente:	Einerseits machen Computer Spaß (1) und sind nützlich bei der Arbeit (2). Man kann mit ihnen ganz einfach Texte schreiben und verändern (3). Sie schaffen viele neue, moderne Arbeitsplätze (4).
Drei Gegenargumente:	Andererseits sind Computer teuer (1) und es gibt oft technische Probleme (2). Es gehen auch viele Arbeitsplätze verloren (3), weil Computer den Menschen ersetzen können.

Grammatik

5.4 *wenn – dann* (Bedingungen)

Wir können am Wochenende Ski fahren, **wenn** es schneit.

Wenn es am Wochenende (schneit,) **dann** (können) wir Ski fahren.

Wenn es am Wochenende (schneit,) (können) wir Ski fahren.

Die Bedingung kann am Ende oder am Anfang des Satzes stehen. Meistens lässt man *dann* weg.

5.5 *um zu, damit* (Ziel und Zweck)

Einheit 9

Vergleiche die Sätze mit *um zu* und *damit*.

um ... zu   Claudia geht in die Stadt, **um** sich einen Mantel **zu** kaufen.
Ich sehe jeden Tag die Nachrichten im Fernsehen, **um** informiert **zu** sein.
Ich esse Joghurt, **um** ab**zu**nehmen.
Manche Menschen leben nur, **um zu** arbeiten.

damit   Die meisten Menschen arbeiten, **damit** *sie* Geld verdienen.
Ich lese jeden Tag die Zeitung, **damit** *ich* informiert bin.
Ich esse Joghurt, **damit** *ich* abnehme.
Lehrerinnen sollten deutlich sprechen, **damit** *die Schüler* sie besser verstehen.

⚠ Ein Nebensatz mit *damit* hat immer ein eigenes Subjekt.

5.6 *ob*

Einheit 3

Vergleiche die Sätze mit *dass* und *ob*.

Ich weiß,   **dass** du am Wochenende Zeit hast.
Ich bin sicher,   **dass** es heute noch regnet.

Ich weiß nicht,   **ob** du am Wochenende Zeit hast.
Ich weiß nicht,   **ob** es morgen regnet.
Mir ist es egal,   **ob** es regnet oder ob die Sonne scheint.

Ob verbindet einen Haupt- und einen Nebensatz.

Mir ist es egal, ob es regnet oder schneit oder ob die Sonne scheint. Es gibt kein schlechtes Wetter. Es gibt nur schlechte Kleidung!

Sätze mit *ob* (Übersicht)
Hast du am Wochenende Zeit?   Direkte ja/nein-Frage
Ich möchte dich fragen, ob du am Wochenende Zeit hast?   Indirekte Frage
Er kann noch nicht sagen, ob er am Wochenende Zeit hat.   Indirekte Rede

Ich weiß nicht, ob Kiki mich wieder befreit?

5.7 Der Relativsatz (→ 1.4) Einheit 7

Der Relativsatz gibt eine nähere Information zu einem Nomen oder Pronomen im Hauptsatz.
Er beginnt mit einem Relativpronomen.
Das Relativpronomen richtet sich nach Artikel und Kasus (Nominativ ...) des Nomens im Hauptsatz.

Ich habe ein Moped gekauft.	Das Moped ist erst drei Monate alt.	zwei Sätze
Ich habe **ein Moped** gekauft,	**das** erst drei Monate alt ist.	ein Satz mit Relativsatz

Der Relativsatz kann auch in der Mitte des Hauptsatzes stehen.

Die Frau ————————————→ rief die Polizei.
Die Frau, **deren** Hund gestohlen worden war, rief die Polizei.

Die Stadt, **in der** ich geboren bin, liegt in der Nähe von Frankfurt.
Die Stadt, **wo** ich geboren bin, liegt in der Nähe von Frankfurt.

Am Anfang des Relativsatzes kann auch eine Präposition stehen.

Ich habe das Moped gekauft, **für das** ich drei Jahre gespart habe.
Der Mann, **mit dem** ich vor drei Monaten in Spanien war, hat mir gestern geschrieben.

5.8 Sätze mit *es*

Vergleiche die Sätze in **a–c**.

a Pronomen	*Das Kind* hat Hunger. **Es** schreit	es = das Kind
b Statt Subjekt (Ergänzung)	*Es* schneit. *Es* blitzt.	Das Verb braucht *es* als Ergänzung. Man kann *es* nicht weglassen.
c Verweis auf eine Information, die später im Satz kommt.	Ich finde (*es*) gut, dass du kommst. *Es* ärgert mich, dass du nie schreibst. (Mich ärgert, dass du nie schreibst)	Man kann *es* weglassen.

5.9 Satzverbindungen: Konjunktionen und Adverbien Einheit 13

Konjunktionen und Adverbien können Sätze verbinden.
Konjunktionen stehen vor der Position 1 (→ 5.1)

Ich war in den Weihnachtsferien bei meiner Mutter **und** dort bin ich viel gewandert.
Mir geht es richtig gut, **weil** ich in letzter Zeit viel Sport gemacht habe.
Nachdem ich den Brief geschrieben hatte, habe ich ihn dir gleich gefaxt.

Adverbien stehen im Hauptsatz entweder auf Position 1 oder nach dem konjugierten Verb:

Zuerst habe ich dir einen Brief geschrieben, dann auch noch eine E-Mail.
Ich habe dir **zuerst** einen Brief geschrieben und dann auch noch eine E-Mail.

5.10 Satzverbindungen (Übersicht)

	Beispiel	Kommentar
aber	Ich habe kein Geld, aber ich brauche auch keins.	(H*) Gegenteil, Einschränkung
als	Als ich nach Hause kam, war die Tür offen.	(N*) gleichzeitig
denn	Sven bleibt heute im Bett, denn er fühlt sich krank.	(H) Grund
damit	Greenpeace demonstriert gegen die Umwelt-verschmutzung, damit sich etwas ändert.	(N) Ziel, vgl. *um ... zu*
dass	Ich weiß, dass ich morgen keine Zeit haben werde.	(N) vgl. *ob*
nachdem	Nachdem ich gegessen hatte, schlief ich eine Stunde.	(N) danach
ob	Ich weiß nicht, ob ich morgen Zeit habe.	(N) ja/nein-Alternative
obwohl	Sie ging schwimmen, obwohl sie erkältet war.	(N) Gegengrund mit Verb
oder	Fahren Sie mit der Straßenbahn oder gehen sie zu Fuß?	(H) Alternativen
und	Er liest gern und er spielt auch gern Fußball.	(H) Aufzählung
während	Während ich telefonierte, wartete Tanja vor der Tür.	(N) gleichzeitig, vgl. als
weil	Eva hat heute nichts gegessen, weil sie krank ist.	(N) Grund
wenn	Wenn ich an den Test denke, werde ich ganz nervös.	(N) Bedingung
	Wenn du Zeit hast, (dann) gehen wir ins Kino.	(N) Zeit
um ... zu	Greenpeace demonstriert gegen die Umwelt-verschmutzung, um etwas zu verändern.	(N) Ziel, vgl. damit

H* = verbindet Hauptsätze
N* = verbindet Haupt- und Nebensätze

Die wichtigsten unregelmäßigen Verben

Infinitiv	3. Person Präsens	3. Person Imperfekt	3. Person Perfekt	Infinitiv	3. Person Präsens	3. Person Imperfekt	3. Person Perfekt
backen	bäckt (backt)	backte (buk)	hat gebacken	erwägen	erwägt	erwog	hat erwogen
befehlen	befiehlt	befahl	hat befohlen	essen	isst	aß	hat gegessen
beginnen	beginnt	begann	hat begonnen	fahren	fährt	fuhr	ist / hat gefahren
beißen	beißt	biss	hat gebissen	fallen	fällt	fiel	ist gefallen
bergen	birgt	barg	hat geborgen	fangen	fängt	fing	hat gefangen
betrügen	betrügt	betrog	hat betrogen	finden	findet	fand	hat gefunden
bewegen	bewegt	bewog	hat bewogen	fliegen	fliegt	flog	ist / hat geflogen
biegen	biegt	bog	hat gebogen	fliehen	flieht	floh	ist geflohen
bieten	bietet	bot	hat geboten	fließen	fließt	floss	ist geflossen
binden	bindet	band	hat gebunden	fressen	frisst	fraß	hat gefressen
bitten	bittet	bat	hat gebeten	frieren	friert	fror	hat gefroren
blasen	bläst	blies	hat geblasen	gären	gärt	gor	ist gegoren
bleiben	bleibt	blieb	ist geblieben	gebären	gebiert (gebärt)	gebar	hat geboren
braten	brät (bratet)	briet	hat gebraten	geben	gibt	gab	hat gegeben
brechen	bricht	brach	ist / hat gebrochen	gehen	geht	ging	ist gegangen
brennen	brennt	brannte	hat gebrannt	gelingen	gelingt	gelang	ist gelungen
bringen	bringt	brachte	hat gebracht	gelten	gilt	galt	hat gegolten
denken	denkt	dachte	hat gedacht	genesen	genest	genas	ist genesen
dringen	dringt	drang	ist / hat gedrungen	genießen	genießt	genoss	hat genossen
dürfen	darf	durfte	hat gedurft	geschehen	geschieht	geschah	ist geschehen
empfehlen	empfiehlt	empfahl	hat empfohlen	gewinnen	gewinnt	gewann	hat gewonnen
erlöschen	erlischt	erlosch	ist erloschen	gießen	gießt	goss	hat gegossen
erschrecken	erschrickt	erschrak	ist erschrocken	gleichen	gleicht	glich	hat geglichen

Infinitiv	3. Person Präsens	3. Person Imperfekt	3. Person Perfekt	Infinitiv	3. Person Präsens	3. Person Imperfekt	3. Person Perfekt
gleiten	gleitet	glitt	ist geglitten	schreiben	schreibt	schrieb	hat geschrieben
graben	gräbt	grub	hat gegraben	schreien	schreit	schrie	hat geschrie(e)n
greifen	greift	griff	hat gegriffen	schreiten	schreitet	schritt	ist geschritten
haben	hat	hatte	hat gehabt	schweigen	schweigt	schwieg	hat geschwiegen
halten	hält	hielt	hat gehalten	schwimmen	schwimmt	schwamm	ist / hat
hängen	hängt	hing	hat gehangen				geschwommen
heben	hebt	hob	hat gehoben	schwingen	schwingt	schwang	ist / hat
heißen	heißt	hieß	hat geheißen				geschwungen
helfen	hilft	half	hat geholfen	schwören	schwört	schwor	hat geschworen
kennen	kennt	kannte	hat gekannt	sehen	sieht	sah	hat gesehen
klingen	klingt	klang	hat geklungen	sein	ist	war	ist gewesen
kommen	kommt	kam	ist gekommen	senden	sendet	sandte	hat gesandt
können	kann	konnte	hat gekonnt			(sendete)	(gesendet)
kriechen	kriecht	kroch	ist gekrochen	singen	singt	sang	hat gesungen
laden	lädt	lud	hat geladen	sinken	sinkt	sank	ist gesunken
lassen	lässt	ließ	hat gelassen	sinnen	sinnt	sann	hat gesonnen
laufen	läuft	lief	ist gelaufen	sitzen	sitzt	saß	hat gesessen
leiden	leidet	litt	hat gelitten	sollen	soll	sollte	hat gesollt
leihen	leiht	lieh	hat geliehen	spinnen	spinnt	spann	hat gesponnen
lesen	liest	las	hat gelesen	sprechen	spricht	sprach	hat gesprochen
liegen	liegt	lag	hat gelegen	springen	springt	sprang	ist gesprungen
lügen	lügt	log	hat gelogen	stechen	sticht	stach	hat gestochen
meiden	meidet	mied	hat gemieden	stehen	steht	stand	hat gestanden
melken	melkt	molk (melkte)	hat gemolken	stehlen	stiehlt	stahl	hat gestohlen
messen	misst	maß	hat gemessen	steigen	steigt	stieg	ist gestiegen
mögen	mag	mochte	hat gemocht	sterben	stirbt	starb	ist gestorben
müssen	muss	musste	hat gemusst	stinken	stinkt	stank	hat gestunken
nehmen	nimmt	nahm	hat genommen	stoßen	stößt	stieß	hat / ist gestoßen
nennen	nennt	nannte	hat genannt	streichen	streicht	strich	hat gestrichen
pfeifen	pfeift	pfiff	hat gepfiffen	streiten	streitet	stritt	hat gestritten
raten	rät	riet	hat geraten	tragen	trägt	trug	hat getragen
reiben	reibt	rieb	hat gerieben	treffen	trifft	traf	hat getroffen
reißen	reißt	riss	hat / ist gerissen	treiben	treibt	trieb	hat / ist getrieben
reiten	reitet	ritt	ist / hat geritten	treten	tritt	trat	ist / hat getreten
rennen	rennt	rannte	ist gerannt	trinken	trinkt	trank	hat getrunken
riechen	riecht	roch	hat gerochen	tun	tut	tat	hat getan
ringen	ringt	rang	hat gerungen	verbleichen	verbleicht	verblich	ist verblichen
rufen	ruft	rief	hat gerufen	verderben	verdirbt	verdarb	hat / ist verdorben
salzen	salzt	salzte	hat gesalzen	vergessen	vergisst	vergaß	hat vergessen
saugen	saugt	sog (saugte)	hat gesogen	verlieren	verliert	verlor	hat verloren
			(gesaugt)	verschwinden	verschwindet	verschwand	ist verschwunden
scheiden	scheidet	schied	hat / ist geschieden	verzeihen	verzeiht	verzieh	hat verziehen
scheinen	scheint	schien	hat geschienen	wachsen	wächst	wuchs	ist gewachsen
schieben	schiebt	schob	hat geschoben	waschen	wäscht	wusch	hat gewaschen
schießen	schießt	schoss	hat geschossen	weichen	weicht	wich	ist gewichen
schlafen	schläft	schlief	hat geschlafen	weisen	weist	wies	hat gewiesen
schlagen	schlägt	schlug	hat geschlagen	werben	wirbt	warb	hat geworben
schleichen	schleicht	schlich	ist geschlichen	werden	wird	wurde	ist geworden
schleifen	schleift	schliff	hat geschliffen	werfen	wirft	warf	hat geworfen
schließen	schließt	schloss	hat geschlossen	wiegen	wiegt	wog	hat gewogen
schmeißen	schmeißt	schmiss	hat geschmissen	wissen	weiß	wusste	hat gewusst
schmelzen	schmilzt	schmolz	hat /	wollen	will	wollte	hat gewollt
			ist geschmolzen	ziehen	zieht	zog	hat / ist gezogen
schneiden	schneidet	schnitt	hat geschnitten	zwingen	zwingt	zwang	hat gezwungen

Grammatik